不思議の国会・政界用語ノート

曖昧模糊で日本が動く

朝日新聞政治担当編集委員
秋山訓子
AKIYAMA NORIKO

さくら舎

はじめに

初めて政治部に配属された日のことは、今でも忘れられない。

今から20年前のことだ。政治部の部会で、ずらーっと並ぶ先輩たちの前に座らされた。その後、朝日新聞の主筆を務めた若宮啓文《わかみやよしぶみ》さんが部長で、自己紹介を促された。めちゃくちゃ緊張していた私はそれまで正面を見られずうつむいていて、顔を上げた瞬間に衝撃を受けた。

男ばっかり！

実際は女性の先輩が二人いたのだが、60人くらいのうち二人だし、その場にはいなかったと記憶している。高校は男子対女子の数が3対1だったし、大学時代は体育会のマネージャーだったし、それまでも男性の多い環境に身を置いていたのだが、これほどではなかった。

ずらーっと並んだいかめしい顔をしたおじさんたち（と、20代だった私には思えた）に囲まれて頭の中が真っ白になり、こんなことを口走った。

「私は、グレーの世界に来てしまったんだと思いました……」

聞いている人たちは、はあ？　ぽかん、である。

男性はグレーのスーツ姿だったから、視覚的にすごく強烈で、思わずそう言ってしまったのだった。

それからの日々はグレーではなかった。真っ黒だった。

政治に興味がないわけではなかったが、政治面は読んだことがなかった。というか、読もうと思ってもハードルが高すぎた。新聞は日々のニュースを載せるから、スペースは限られており、いちいち「この言葉はどういう意味で……」などと解説していられない。

仕方ないことではあるのだが、一見《いちげん》さん向きでないわけで、「政府・与党」の意味も「事前審査制」も清和会《せいわかい》が森派（当時）をさすことも、何も知らなかった私にはむずかしすぎた。政治家やまわりの記者が言っていることが理解できず、私は劣等生で本当につらかった。

一方で、日々目にする国会の光景や記者や政治家の生態はおもしろかった。本書にもたくさん紹介したが、驚いたり笑ったり、へえ、と思わされたり。幹部クラスの政治家が偉そうなことを言って、陰ではしょうもないことをしていたり、逆に地味な政治家が立派なことをしていたり。夜回りの合間に秘書たちと飲みにいっては聞く裏話も興味深かった。

マスメディアを通じてしか知らなかった政治家も、近くで接してみれば同じ人間で、政治は人の営《いとな》みだから、血の通ったドラマなのだと思ったものである。

そうこうするうちに私は雑誌ＡＥＲＡの編集部に異動になった。政治担当は基本的に私一人だったから、自由に取材することができた。雑誌は新聞記事に比べてはるかにスペースがある。だから納得いくまで、政治の初心者が読んでもわかるようにかみくだいて書くことができた。要は自分が理解できるように書いていたのだ。

すると、あることに気がついた。

私の記事を読んだ人が、ほぼ同様に「わかりやすい」と感想を寄せてくれたのだ。

政治記事に、わかりやすさが求められているんだ。

裏を返せば、新聞の政治記事がいかにわかりにくいと思われているかということだと思った。わかりやすく書くということは、私が政治に無知だったからこそできることなのかもしれない。それから政治部に戻ったあとも、政治記事を書くことが楽しくなってきた。

本書では私が現場を取材する中で見聞きし感じてきたことで、これまで新聞や雑誌ですくいきれなかったことを中心に扱っている。政治のちょっとしたこと、軽いことを扱いながら、実はそれが本質を表しているような事象を紹介できればいいなと思って書き進めた。

通読してもらえば基本的な政治の仕組みがなんとなくわかることも目指した。法律がどのように決まっていて、国会がどうまわっていて、選挙ではどんなことがおこなわれているのか、権力者たちはどうふるまうのか。

もちろん、自分で拾ってきた話だけではなく、膨大《ぼうだい》な新聞記事も参考にし、引用させてもらった。改めて、新聞記事ってすさまじくたくさんのことが載っていると感じた。

今、新聞産業は斜陽だけれど、新聞ってやっぱりすごい。記者の血と汗と涙の結晶だけのことはある。新聞記者の私が言うのもなんだが。

本書を読んで、政治っておもしろいんだ、そう思ってもらえたらうれしい。

秋山訓子《あきやまのりこ》

◆目次

第2章　官と政と権力

第3章 「選挙運動」

第4章 「政党」と「議員」

不思議の国会・政界用語ノート

――曖昧模糊で日本が動く

第1章　「政治芸術」

言語明瞭意味不明瞭「保守の知恵」

「保守の知恵」とは何か。それはかつて、自民党がもっと自民党らしく、右から左まで包含《ほうがん》した国民政党だった時代に涵養《かんよう》されたものだ。硬と軟、タカ派とハト派、新自由主義と社会民主主義、微妙なところで使い分け、バランスをとってきたときのやり方である。

合意形成をするときには白黒はっきりつけず、あえて曖昧《あいまい》、どちらともとれるグレーな決着とした場合もあった。

かつて故竹下登《たけしたのぼる》元首相は、自らを「言語明瞭、意味不明瞭」と認めていたという。数字を用いて具体的なデータを挙げ、ていねいに説明をしながらも、結論は一体何を言っているのかよくわからない。

もともとは、「ずばりと言うと人を傷つけることがある。そうなると修復に時間がかかる。多少、意味がぼんやりしていても、そちらの方が合理的というのが首相の考え方」（竹下氏周辺、1988年11月1日付の読売新聞より）ということらしいが、国会での演説などもその典型とよく批判された（竹下氏に限らないかもしれないが）。

時代的な背景もあるだろう。問題を先送りして後でたいへんになる場合もあるが、バブル経済のただなかで、時が解決してくれるということもあったのではないだろうか。あるいは、あえてさわらずにそのままにしておくことで、問題が熟成し、新たな選択肢や方法が生まれてきた場合もあったろう。ある意味、一種の政治の芸術と言ってもいいかもしれない。

最近の自民党、こういう保守の知恵をひねり出すような人が少なくなってきた。それは時代全体が不寛容、狭量になってきて経済も低成長、グレーな決着とも言えない先送りが好まれず、許されなくなってきたということもある。知恵者も昔に比べて減ったのだろう。

自民党副総裁を務めたベテラン政治家、高村正彦《こうむらまさひこ》氏が、日本経済新聞の「私の履歴書」でこんな話を紹介している（２０１７年８月25日）。

２０１１年に自民党の外交・経済連携調査会長に就任し、環太平洋経済連携協定（ＴＰＰ）を議論したときのこと。党内の９割は反対で、有力な支持基盤の農業団体は「ＴＰＰは聖域なき関税撤廃だから反対だ」と言っていた。

そこで、みんなが折り合うために、「聖域なき関税撤廃を前提とする限り交渉参加に反対である」としたという。つまり、聖域なき関税撤廃が前提でないことが確認できれば交渉に参加できるということだ。こうして、賛成派も反対派も納得した。

単なる言い換え……と言うなかれ。表現とは大事なのである。政治とはメンツが非常に重要である。こうすることで双方の顔がたち、話は進むのである。

ちょっと違う文脈なのだが、私がかつて取材したときの話を紹介したい。ある政策を取材して、その批判の記事を書こうとしていた。担当者はよい人で、ていねいに説明してくれて、自分の担務に忠実、とても一生懸命取り組んでいることがよくわかった。

そんな人のやっていることを批判するのはある意味つらいことである。でも、やはり批判は書こうと思った。しかし、その場で何も言わずにだまし討ちのような記事を書くことはしたくない。そこで私は言った。

「ご説明ありがとうございます。非常によく考えてつくられた政策だとわかりました。私たちのめざすところは一緒だと思います。しかし、どのような政策でそこまでたどりつくかは、考えの違うところもあると思います。それを記事に書こうと思います」

保守の知恵にはとても及ばないが、それ的な思考、表現方法を私も身につけたのかもしれない。

「全会一致」の知恵

「全会一致」は自民党の最高意思決定機関である総務会の伝統的な決定の手法。同種のものに「一任」がある。

すべての法案は、この総務会を通過してから国会に提出される。法案が国会に出される前に与党の了承を得る「事前審査制」（145ページ参照）の最終プロセスだ。

始まりは1962年に遡《さかのぼ》る。当時の赤城宗徳《あかぎむねのり》総務会長が大平正芳《おおひらまさよし》官房長官に「各法案提出の場合は閣議決定に先立って総務会に御連絡を願い度《た》い」との文書を出した。このときの政務調査会長は田中角栄《たなかかくえい》氏だった。これがきっかけとなったとされる。

自民党党則第四十一条には「総務会の議事は、出席者の過半数で決し、可否同数のときは、議長の決するところによる」とあるだけで、全会一致はあくまでも慣例だ。が、これが自民党のまとまりや結束を図るための「政治の知恵」だったのだ。

「全会一致」にするために、周到に根回しし、ガス抜きをし、足して2で割り、さまざまなテクニックを使う。

法案の事前審査制は、自民党の政務調査会の下に設《もう》けられている部会、政調審議会、そして総務会で議論を積みあげて決定されていく。すべて全会一致が慣例であって、その総仕上げが総務会なのだ。

2017年8月の内閣改造と党役員人事にともなって総務会長に就任した竹下亘《たけしたわたる》氏は、自民党の機関紙「自由民主」のインタビューに答えてこんなふうに語っている。

「総務会での議論は時には対立することもありましたが、全会一致の慣例がありました。徹底的に議論をおこない、対立点を薄めていくさまざまな知恵を出し合い、最終的には自由民主党の総務会での全会一致という形で、法案の国会提出にこぎつけるという伝統があります。この伝統は単なる伝統ではなくて、自由民主党が自由民主党である象徴であり、まさにこれこそわが党らしい伝統、知恵の塊《かたまり》です」

知恵、伝統、全会一致、自民党を象徴するキーワードがちりばめられている。もちろん、今までこの自民党のアイデンティティとも言うべき全会一致が揺らいだこともある。

1998年の旧国鉄債務処理をめぐって国鉄清算事業団債務処理法案に梶山静六《かじやませいろく》氏らが異論を唱《とな》え、紛糾《ふんきゅう》しかけた。森喜朗《もりよしろう》総務会長が党五役一任をとりつけようとした。梶山氏は「反対」と叫んだが、森氏が了承を宣言、一任となった。

そう、全会一致の定義とは、総務会長が全会一致だとみなせばそれでいいのだ。いい加減というか、なんでもありというか、これもまた保守の知恵である。

２００５年の郵政民営化法案のときには紛糾のあげくに慣例が破られ、久間章生《きゅうまふみお》総務会長のもと、多数決で法案が了承された。

最近では、２０１８年３月の自民党憲法改正推進本部の九条改正での議論でこんなことがあった。やり取りは３時間に及び、司令役が「ご一任を願いたい」と言うと、「ちょっと待って」という声も上がったが、拍手の中で一任が了承された。

２００９〜12年の民主党政権時代、「まとまらない」ことが迷走の原因となった。なぜまとまらないのか。それは総務会がないからだ、といって、総務会を設けようという議論が飛びだしたことがある。

まったくの勘違いで、自分たちのどこが悪いのかもわかっていない。機関や仕組みの問題ではないことは言うまでもない。

こんなところにも民主党政権の稚拙《ちせつ》さが表れている。

政界的「仲よし」

「仲よし」とは、通常、親しくて心が許せて、悩みを相談したり率直に話せたり……という人間関係について述べる言葉だが、政治用語となると趣《おもむき》が異なってくる。

一見、仲がよさそうでも表面的だったり、全然仲がよくもないのに、あえて「仲よし」と強調することで、関係性をまわりに知らしめたいというようなことが多い。

あの人と仲よしだよ、ということで自分の存在感や重みを示すわけである。まさに「仲よし」の政治利用だ。

特に選挙のときには「仲よし」の連発、大安売り、大バーゲンが始まる。有力政治家が応援に入るときに使うのである。

たとえば、「私は○○さんとは大の仲よし、しょっちゅう侃々諤々《かんかんがくがく》と政治の議論をかわしたり、一緒に酒を酌《く》み交わしたりしています（＝党の会合で自然と一緒になるから話すだけ、集団の飲み会でたまに一緒になったりするだけ）」「どのくらいこの人と仲がいいかって、もう朝から晩まで、寝ても覚めても○○さん、というくらい仲がいいんです（＝儀礼や惰性《だせい》でラインやメッセージのやりとりをするくらい）」というように。

あまりに連発されるので「仲よし」のデフレ、言葉の価値が下がるようで、時に悲しくなる。政治取材では、誰が本当の仲よしかを探ることが重要である。

仲よしと言っていたって、たとえば党の代表選に立候補しようとするとき推薦人どころか票さえも入れてくれなかったり、ということがよく起こる。大特売の値《ね》崩《くず》れ、それが政治の場での「仲よし」の現状である。

七変化「挙党一致」

「挙党一致」は典型的な政治用語の一つと言える。何が政治的と言えば、使い方によって意味が七変化《しちへんげ》するからだ。

たとえば、私が2000年に自民党担当になったばかりのとき、山崎拓《やまざきたく》氏率いる山崎派の「番記者」（59ページ参照）となった。当時、山崎氏は加藤紘一《かとうこういち》氏とともに、その前年に自民党総裁選に出馬し、小渕恵三《おぶちけいぞう》氏と争って敗れていた。

山崎氏と加藤氏は非主流派となり、その後小渕氏が病《やまい》に倒れ、後任の首相を決める場（いわゆる「五人組──66ページ参照」と言われる会合だ）にも山崎氏と加藤氏は呼ばれなかった。森喜朗首相が誕生し、総選挙を断行して7月に第二次森内閣が発足した。その組閣のときに山崎氏が連発したのが「挙党一致」という言葉だった。

つまり、こういうことだ。

自分たちは小渕首相に逆《さか》らって総裁選に出馬し、争った。だが今は、次の首相となっている。いろいろ我らに対して思うところもあるだろう。はっきり言えば禍根《かこん》もあるし、むかつくだろうし、我々は非主流派だけれども、組閣にあたっては、そういうことも水に流してくれ。よりはっきり言えば、我々の派閥からも大臣を出してくれ。「挙党一致」で党がまとまるべきなのだから。

当時の私はなかなかその真意がわからなくて、「へ？　挙党一致とはどういう意味ですかい？」と聞き回っていた。

素人っぽい。新聞を読んでいる人たちは素人なのだから（ということを政治記者は時に忘れがちだと思うが）悪いことではないかもしれないけれども、ダサく、みっともなく、というかかっこ悪かった。だからいまだによく覚えている。

「挙党一致」には、こんな使われ方もあるかもしれない。一時の安倍《あべ》晋三《しんぞう》首相のような「一強」体制だったとして、その強いリーダーが「挙党一致だから」と言ったとする。そういうときには、「俺に逆らうなよ。少しでも刃向かうような動きを見せたら、おまえらわかってんだろーな。容赦しないからな」というような意味が含まれているだろう。つまり、言葉の使い方によって、意味はまったく変わるのである。

昔、政治記者になって間もない頃、何を取材してどう書いたらいいのかさっぱりわからなかった。ただ「このネタはどうなるのか」と先輩に言われたことを、取材先にぶつけ、簡単に答えてくれるわけもなく（当たり前だ！）、熱意と根性だけはあります、と朝晩取材先の家に押しかけていた。

ある先輩記者がこんな話をしていた。「ある政治家が、『そうだね』と相づちを打つときは、実はいつも違うと思っている。そういう政治家の習性を知り、真意を見抜き、これから政局をどう動かしていくかを探るのが政治取材だ」

なるほど、政治家の言葉が本当に何をさしているのかを見抜いて解釈、通訳するのが私たちの仕事の一つなのかと思った。

たとえば、「うん」と言って実は「いいえ」であることもあるだろうし、「A」と言って「B」をさしていることもあるだろう。これが政治取材の醍醐味《だいごみ》でもあり、むずかしさでもあるのだと後にわかった。

人間を相手にし、研究するわけである。権力闘争というぎりぎりの場では、人間の喜怒哀楽、欲望がむきだしになり、極端な形をとって現れる。これが政治取材のおもしろさなのである。

「政局」という政権闘争

「政局」という言葉を辞書で引くと、「ある時点における政治の動向。政界の情勢。『政局が行き詰まる』」「首相の進退、衆議院の解散など、重大局面につながる政権闘争。また、安定政権の元では、与党内での主導権争い。多く、国会などでの論戦によらず、派閥や人脈を通じた多数派工作として行われる。『政局になる』『政局にする』」という二つの意味が載っている（デジタル大辞泉）。

政治部に異動して、ものすごく違和感のあった言葉の使われ方の一つが、この「政局」だった。一般の人々の多くは、「政局」の意味を前者で理解しているのではないだろうか。けれども、政治記者にとって「政局」とは後者の意味である。「今は政局だから」のように使い、政局＝政局が緊張していることをさす。

政局というのは権力闘争のリアルなたたかいであって、政治家、政治記者にとって血湧《わ》き肉躍《おど》る用語である。取材に走り回り、情報をとり、先を読もうとする。

以前はダイナミズムあふれる政局が多かった。２０１７年、羽田孜《はたつとむ》氏が亡くなったが、私が政治部に異動する以前、１９９２年に小沢一郎《おざわいちろう》氏が羽田氏と組んで羽田派を旗揚げし、さらにはその翌年の1993年に新生党を結成したのも大政局の代表的な例であろう。

私が政治部に異動した1998年の夏には参院選があって、当時の橋本龍太郎《はしもとりゅうたろう》首相が敗北、退陣したが、この首相退陣から新しい首相選出までのプロセスも政局である。

2000年に自民党の加藤紘一氏が野党に同調して内閣不信任案に賛成すると打ち上げた「加藤の乱」も、「加藤政局」と私たち記者は呼んでいた。

それに続く2001年の小泉純一郎《こいずみじゅんいちろう》政権の誕生、そして2009年の民主党政権誕生への一連の動きも政局である。

安倍晋三首相一強政権のもとでは、政局はなかなかおこらず、凪《なぎ》の状態だが、それはいつまで続くだろう。

政治家の「オンレコ」「オフレコ」のお約束

政治取材にはさまざまなお約束が存在する。というか、お約束のうえに成り立っている。よくも悪くも、取材する者とされる者がインナーサークルを形成しているのだ。

これが行きすぎると政府や与党の広報みたいになってしまい、現にそうなっているメディアも見受けられる。特に安倍政権下ではそうだろう。

サミット開催地をはじめとして官邸の発する大きなニュースは発表の直前にＮＨＫのニュース速報が流れた。あるいは、２０１７年５月３日の読売新聞のインタビューで安倍首相が憲法九条の改正を打ち出し、国会でそれについて問われると「読売新聞を熟読して」と答えたこともあった。

取材先の懐《ふところ》に入りながらもいかに緊張感を保ち、権力監視や批判の精神を持って相手との微妙な距離感を測りながら取材をするかは、政治記者の腕の見せどころと言えよう。

で、この「オン・オフ」も、取材をするときの代表的な約束事の一つである。「オン」というのは「オンレコ＝オン・ザ・レコード」の略だ。これは取材源を明記して、中身を引用していいということで、基本的に記者会見やインタビューなどのオープンの場での取材があたる。テレビの場合は、顔を出してコメントをすることになる。たとえば、首相官邸で午前と午後二回開かれている官房長官の会見などは、オンレコの代表例だ。

これに対して、「オフレコ＝オフ・ザ・レコード」というのは、取材源を明記しないでコメントを引用すること。たとえば、新聞などでは「閣僚経験者は『××』と語った」「ある与党のベテラン議員は『○○』ともらした」のような表記が見られるが、これがそうだ。

バリエーションでは、政治家の会合のようなものを取材するときに、記者はその場にいなかったのに、「○○派の会合で、××議員は『……』と語り、これに▲▲氏が『△△』と応じて、一座は爆笑となった」のような描写がある。この場合も、その場にいた誰かが記者に説明をしているわけだが、取材源は明かされていない。

オフレコ取材をするときは、「メモをしない」というのが基本的な約束だ。

私は常々、自分の記憶力がよくないせいもあって（私の取材メモは歩留《ぶど》まりが悪いことで有名だった）、メモをしない＝不正確になって、記者と政治家、双方によろしくないのではないか、と感じていた。

そこである日、あるベテラン議員（はい、これもオフ取材の表現です）に話を聞くときに「オフということでお願いしたいんですが、正確に書きたいんでメモしていいですか」と断って、メモ帳を取りだしてみた。すると相手は「えっ、そうなの」と言って、拒否はしなかったものの、どうも居心地の悪いような表情をした。話をしはじめてからも、なんだか口の滑《すべ》りがよくない。そこで私はメモ帳をしまってみた。

すると相手は途端に安心したように表情が緩《ゆる》み、しゃべりもスムーズになったのである。「メモをする」という動作自体が警戒心を抱かせ、相手を緊張させるということなのだろうか。

といっても、我ながら記憶力の悪さにはほとほと困った。特に、夜のアルコールの入るオフレコ取材兼飲み会のような場ではなおさらだった。これは他の記者も似たような経験をしているようだが、ポケットの中に小さなメモ帳をしのばせておいてトイレでメモしたり、箸《はし》袋《ぶくろ》や紙ナプキンにとりあえずキーワードを書いておいたりする。

会合が終わったらきちんとメモをしなおそうと思いながらそのまま寝てしまい、翌朝になって見返してみても、なんのことだかさっぱり思いだせないこともよくあったものだ。

1対1の「完オフ」の価値

「完オフ」、それは政治取材手法ヒエラルキーのトップに位置するものとされる、完全オフレコのことである。

完全オフレコというのは、オフレコをさらに一歩進めたもので、たとえ話を聞いたとしても書いてはいけない、という取材対象と記者の間のお約束である。

なんだよ、それじゃあ、聞いても意味ないじゃん。

その通りである。一歩間違えるとインサイダー取材の自己満足、メディアの役割放棄になりかねない。だが、今はだめでも、いつか書ける日がくるかもしれないし、政治の舞台裏で何が起きているのかを把握し、常に流れをつかんでおくのは非常に重要なことである。

と言いつつ、完オフと言いながらたいしたことない中身の取材であることも往々にしてある、というかそのほうが多い。

政治記者にとって完オフ前提で話を聞けるのは、ある意味名誉なことであり、うれしいことである。すなわち、政治家とそこまでの関係、信頼してもらえて腹の中をのぞかせてもらえるようになったわけであるから。しかも、それがサシ……相手と1対1で聞かせてもらったらさらに倍、ではないが価値が高まるとされる。

ほかの誰にも聞かせていない、自分だけが聞かせてもらえる話。相手にとって自分だけが、かけがえのない存在となった証《あかし》……それが完オフの甘美な世界。単なる錯覚であることも非常に多いのだが。

話の内容がつまらないことも多いし、サシと言いつつ、ほかの記者たちにもそれぞれサシと称して話しているかもしれない。私もその昔は「サシ、完オフ」と得意になり嬉々《きき》として取材メモをつくっていたものだったが。

完オフというのは、政治記者にとってある意味、青春時代の甘酸っぱい思い出というか、うれし恥《は》ずかしのノスタルジーかもしれない。

走る「総理番」

「総理番」というのは通常、政治部に配属になったばかりの番記者が担当する総理大臣の担当記者のことである。

なんでいちばん新米が最高権力者に？　と思うかもしれないが、理由は二つある。

一つは、最高権力者の朝から晩までを観察すれば、日本の政治の春秋、政治の基本的な流れがわかるからである。たとえば1月は通常国会が開会し、首相の施政方針演説があって、それに対して代表質問がおこなわれる。予算委員会が開かれて、ここでも首相が出てきて質問と答えのやり取りがある。

週に二回閣議があって、首相は、自民党であれば党総裁として幹部が集まる役員会に出ることもある。海外からお客が来れば会談をするし、与党や省庁の幹部たちも首相に相談や報告をするため官邸を訪れる……といった、政治の基本がわかるのである。

二番目の理由は、総理番は体力的にたいへんだからである。若くないとやっていられないのだ。だいたい、新聞の2面や4面、政治面といわれるページの片隅に「首相動静」「首相の一日」「首相日々」というような、首相の一日が記されている欄がある。「8時21分、官邸。

25分、菅《すが》官房長官。9時5分、閣議」……というような調子で、首相がその日、何時にどこで誰と会ったかが書かれている。

最高権力者の動向は常にモニターしていなければならないのである。政治記者のベーシックで大事な役割だと思う（もちろん、チェックできていないものもあるのだが）。

首相の後をついていき、誰と会ったかを確認し、首相と会った人には何を話したかを聞く……ということを一日中やっているわけである。首相が国会に行けば国会に向かい、料亭に行けば料亭の前で待つ。

首相は官邸から国会まで車で移動するが、総理番記者は共同通信と時事通信以外は車で移動しない。徒歩、というか走って移動するのである。これがいちばんつらかった。

理想をいえば、常に首相が誰と会ったか、どんな言葉を交わしていたかを見ていなければならないから、首相が官邸を出るのを見届けたら猛ダッシュで走って（「番ダッシュ」と言われる）、国会で首相を迎える……のは無理でも、できるだけ早く追いつかねばならないのだが、不出来な私はいつも早々と戦意喪失、戦線離脱をして、みんなが猛烈な勢いで走っていった後をのろのろと追いかけるのが常だった。

今の首相官邸では総理番は門番よろしく官邸の入り口にいて、首相の部屋の前を映しだすモニターをチェックしているが、かつての首相官邸では総理執務室の前まで総理番は行けた。

私もそこで待機していた。執務室の前に座りこむことはさすがに許されていなかったが、少し横に階段があって、疲れるとしょっちゅうそこに座りこんでいた。というか、へたりこんでいた。

朝から晩までの追っかけ生活に加えて、「夜回り朝回り」（61ページ参照）もあるから一日15〜16時間以上働いているので、いくら若いとはいえへとへと、よれよれだった。

そこに誰かが首相に会うためにやってくると、誰が来たのかをチェックしなければいけないから、むりやりむくっと起き上がって、その人物を追いかけに行く。その姿はまるでゾンビの襲来である。そして、見知らぬ人物だと「私は朝日新聞の秋山ですが、あなたは誰ですか」と名刺を差しだしてたずねるのだった。直撃取材そのものである。

ああ、汗と涙、青春の総理番。

「参議院」と政局の行方

戦前の旧憲法下での「貴族院」が新憲法では「参議院」となった。衆議院の暴走を止めるための「第二院」、「良識の府」「再考の府」としての役割が期待されている。だから参議院には解散がなく、議員の任期も６年と長い。

立候補するための被選挙権の年齢も、衆議院は25歳だが参議院は30歳である。社会経験やいっそうの見識が期待されているからだろう。

憲法では衆議院の優越が認められており、たとえば予算は衆議院を通過してから30日たてば参議院で可決しなくても成立するし、衆議院を通った法案が参議院で否決されたら、衆議院で出席議員の３分の２以上の賛成で再可決すれば、法案は成立する。

衆議院に比べて静かなイメージのある参議院だが、実は政局のカギを握ることが多い。１９８９年の宇野宗佑《うのそうすけ》内閣のときの参議院選で、自民党は土井《どい》たか子氏率いる当時の社会党に惨敗し、与野党逆転となる。自民党は民社党、公明党と政策ごとに連携する「自公民」路線をとり、やがては１９９３年の自民党下野《げや》へとつながる。

１９９８年の橋本龍太郎内閣のときの参議院選でも自民党は過半数割れし、自由党や公明党との連立に突きすすむことになる。２００７年、第一次安倍政権のときには当時の民主党に負け、国会は与野党が逆転する「ねじれ」となる。

当時の自公与党は衆議院で３分の２を持っていなかったため、成立しない法案が相次ぎ、やがて２００９年の政権交代になっていく。２０１８年３月現在、自民党は衆参共に第一党であり、衆議院では公明党と合わせて３分の２の勢力を持っている。

参議院は「独自性」を強調し、与野党を越えた参議院としてのまとまりも、以前ほどではないものの、強い。かつて「天皇」「参議院のドン」と言われた村上正邦《むらかみまさくに》氏は野党との太いパイプを誇った。国会のウェブサイトのつくりも衆参で違うし、職員の採用も別々だ。

衆参で流れる空気、雰囲気はまったく違う。人が多くざわついた感じの衆議院に比べ、参議院はひとことで言うとのんびりした印象。国会が閉会中のときなど、しーん……として、時間が止まっているような感じだ。

解散がある衆議院のほうが緊張度がはるかに高いようだ。比例代表選出の業界系議員などは、一般紙の記者が取材に行くことも衆議院議員に比べてずっと少ない。

「様式美」保存会

政治は伝統芸能保存会である、とは私が政治記者になってから常々感じてきたことである。政治の儀式や国会の慣例、議員のふるまい、政治取材などありとあらゆるところに伝統がしっかりと生き残り、受け継がれている。そしてそこには「様式美」が存在し、大事にされているように思える。

私は茶道の初心者なのだが、茶道でも様式美を大切にする。茶道の様式美は合理性に裏づけられている。たとえば、茶道では畳の上を移動するときの足の運び方、つまり歩き方についてやかましく言われるが、定められたように足を運べば見た目も美しく、かつ動作的にも合理的だからである。

これに対して政治の世界、永田町・霞《かすみ》が関《せき》における様式美とは、必ずしも合理的ではない。合理的ではないところに歴史の重さや伝統を大事にする意味があるように思える。

たとえば、国会での採決。衆議院は「起立採決」と、主に全会一致で使われる「異議なし採決」、議員一人一人が名前を記された木札を持って議長席の前まで歩いていき投票する「記名採決」をとる。起立採決の場合は「起立多数」と議長が宣言して可決されるが、事前に会派としての賛成、反対が決められ、個々の誰が賛成、反対したか記録は残らない。

記名採決では、わざと時間をかけて歩く「牛歩《ぎゅうほ》」をして反対の意思を表明したり、自分の票を入れる際に高く掲げて見せたりしてアピールする場になったりする。

名前を記録しないのも曖昧だし、記名採決で時間をかけるのも非合理だ。政治家は忙しいのに。しかし、それだからこそ大事なのだ、ということなのかもしれない。

実際、参議院では1998年から「押しボタン式」が採用されている。時間もかからず、誰が賛成、反対したかも一目瞭然だ。昭和の時代に検討を始め、ようやく実現にこぎつけたという。もっとも、参議院でも記名採決の道は残している。

議員のふるまいも往々にして様式美を感じさせる。たとえば3人以上の会合のとき、誰かが先に辞するとする。すると、その人は、残ったうちの誰かの肩に腕を回し、耳打ちしていく姿が非常によくみられる。内緒話なら何もそんなところでしなくても……と思うのだが、ここで大事なのは「私はこの人と内緒話をする仲であり、何か内緒話をするネタがある」ということなのである。それをまわりの人に見せ、そして相手にも「自分はこの人にとって大事な存在なのだ」と思わせることなのである。

様式美とは儀礼であり伝統であり保守であり、そして人情の機微《きび》でもある。合理的ではない様式美を大切にしているところが政治の政治たるゆえんなのかもしれない。

「壁耳」名人

「壁耳《かべみみ》」とは、壁に耳をつけて中でおこなわれている会議や会談の様子を聞くことである。政治記者のベーシックな取材方法の一つだ。

自民党本部や国会内で開かれている各種の政治家の会合は記者が入れないことがほとんどである。しかし、中で何が話されているかをつかまねばならない。となると方法は二つである。出席していた人に聞くか、なんらかの手段で中の様子をうかがうか。後者がすなわち壁耳だ。

私もやったが、本当に苦手だった。「壁耳名人」と呼ばれる記者がいて、なんでこんなにわかるの？　というくらい中の様子を把握できていた。聴力や耳をあてる微妙な角度、集中力などが巧拙《こうせつ》を分けるのだろうが、私はダメダメだった。

ある先輩は、ほかの記者が気づいていない会合の存在をかぎつけ、壁耳をして中の話を聞き、特ダネにしたことがあるそうである。

といっても、中にいる政治家たちも記者が外で壁耳をしているのは百も承知のことも多く、聞いてもらいたいことをわざと外に向かって大きな声で発言したりする。こうなってくると一種の出来レースというか、儀式というか、歌舞伎みたいなものだろうか。

私がかつて自民党の総務会長番だったときは、週二回開かれる総務会の様子を他の番記者とともに壁耳していた（義務的にやっていたが、ほとんど聞き取れなくて他社の記者から教えてもらうのが常だった）。

壁耳は場所取りが肝心である。国会内の赤絨毯《あかじゅうたん》のうえ、重厚な木のドアのどこが薄いか。ドアの蝶番《ちょうつがい》のあたりも隙間があるから声がもれ聞こえる。あるいは、床近くに通風口があって、そこからがよく聞こえるのだと好んでいた記者もいた。こっちとなると、床にほとんどはいつくばって聞くのである。外から見ると、滑稽《こっけい》というか、度肝《どぎも》を抜かれる。

いい大人たちが、真剣な顔をして（集中しないとよく聞こえないのだ）スパイよろしくドアに耳を寄せ、床にはいつくばる。それを国権の最高機関の中でやっているのである。国会には小学生らも多く社会科見学に来ていたが、よい子たちがそれを見てどう感じるのだろうといつも思っていた。

壁耳は無理な体勢をとっていると疲れるので、怠惰《たいだ》な私はよく国会の床、赤絨毯の上に体育座りをして聞いていた。集中しようと目をつむっていたらいつの間にか寝てしまい、隣で同じように聞いていた男性記者の肩に頭をもたせかけてしまって、困ったよ、と後で言われたこともあった。

官僚の「霞が関文学」

官僚が法律や政策をつくるときに、いかようにでも文意をくみ取れるように表現する作文技術を「霞が関文学」という。玉虫色だったり、あいまいな表現だったりする。

よく使われるのが「前向き」「検討」「等」。こまかい「てにをは」へのこだわりもカギを握る。「完全民営化」と「完全に民営化」では違うのだ。１００％民営化する、という意味は前者らしい。うーん、むずかしい。

２００８年のこと。整備新幹線の延伸をめぐって政府と与党推進派がもめた。合意した文書は「09年末までに（着工を）認可するための所要の検討を進め、結論を得る」。認可に前向きとも読めるが、言い切ってはいない。認可に不可欠な財源確保は「幅広い観点から方策を検討する」。何も言っていないのと同じである。実際、着工するのかしないのか、新聞各紙の報道は分かれた。

政府の経済認識を示す月例経済報告も、霞が関文学の典型といわれる。有名なのが、ちょっと古いが１９９１年９月の「緩やかに減速しながらも、引き続き拡大している」。？？？？

このときは、経済企画庁（当時）が「減速」を主張する一方で、大蔵省（当時）が「拡大」

を譲《ゆず》らなかったからだといわれる（ちなみにこのときは、「バブル」がはじけて7ヵ月も過ぎていたから、正解は経済企画庁だった）。

さらに古い話だが、かつて政府税制調査会の会長だった石弘光《いしひろみつ》一橋大学名誉教授は、2017年9月の読売新聞「時代の証言者」でこんな話を紹介している。

大平正芳首相は1979年、5％の一般消費税を翌1980年から導入することを表明する。

しかし自民党内からも反発が出て、大平首相は衆議院を解散するも自民党は過半数割れ。その後首相は急逝《きゅうせい》するのだが、1979年の特別国会では衆参で「一般消費税反対の決議」を全会一致で可決しようという動きになる。しかし大蔵省は、未来永劫《えいごう》に間接税が実現されないのは困る、と知恵をひねり、決議文の文言は「いわゆる一般消費税（仮称）」となった。この表現だと、大平内閣が導入をめざした「一般消費税」に限定されるのだという。うらむ、素人には違いがよくわからないが……。

霞が関文学とはこのように、エリート官僚たちが頭をひねった知恵の結晶なのだった。もっと違う方向に、せっかくのよい頭を使ってほしいとも思うが。

「一寸先は闇」の政治劇場

「一寸先《いっすんさき》は闇《やみ》」は、政治状況の動くさまを表す言葉としてもっともふさわしいものの一つ。権力闘争という人間のぎりぎりの勝負では、ほんのちょっとしたタイミングや言葉の使い方、他の人とのコミュニケーションの仕方などで大きく、劇的に状況が変わる。

たとえば、最近の例でわかりやすいのは２０１７年の総選挙前後における希望の党の有り様である。小池百合子《こいけゆりこ》氏は９月27日に「日本をリセットする」と言って自ら前面に出て、「希望の党」結党を発表、民進党との合流へと向かった。

この時点で希望の党の支持率は急上昇、あわや総選挙で政権交代か、日本初の女性首相誕生かという勢いだった。しかし、民進党の人々を丸ごと受け入れるわけではないという「排除いたします」の言葉で国民の心は急速に冷え、希望の党への支持は見るも無残に崩れ、10月22日の投開票日での敗北に至るのである。この間１ヵ月もない。まさに政界一寸先は闇、どうなるかわからないのである。

逆に、一寸先に思わぬ光が差すこともある。やはり先の選挙での立憲民主党が好例であろう。希望の党と対照的だった。最初は「合流に入れてもらえなかった人たち」の集まりだったはずなのに、潔《いさぎよ》く勝負に打って出て、自分たちの主張を明確に打ちだし、差別化したことが有権者の支持を集めた。

私は自分が自民党を担当していた２０００年から２００１年にかけてを思いだす。４月に山崎拓氏の担当になったのだが、当時山崎氏は前年９月に加藤紘一氏とともに小渕恵三氏に挑んで総裁選に立候補して敗れ徹底的に冷遇されていた。非主流派もいいところだったのだ。

小渕氏は４月に倒れ、後任の首相は森喜朗氏となるのだが、森氏は問題発言などもあって支持率は低下していく。そして11月、加藤紘一氏が野党の提出する内閣不信任案に同調する動きを見せた。いわゆる「加藤の乱」である。

加藤氏の盟友山崎氏も加藤氏と行動を共にするのだが、結局不信任案の採決に２人とも欠席し、乱は失敗に終わった。

だが、そのときに自民党に対してたまった不満や疑問のマグマが、翌年の小泉純一郎政権の誕生へとつながるのである。小泉氏は、山崎氏、加藤氏と共に「ＹＫＫトリオ」をつくっていたが、加藤の乱では同じ派閥の森氏の味方をした。だが加藤氏との友情を守り切った山崎氏を見て、彼を幹事長に選ぶのである。

一年前には考えられないことだった。失敗を重ねて、そしてある日、大逆転に至る。政界とはこんなふうにダイナミックに動くものだと実感したのだった。

「国会対策」という政治

国会は法案を審議して成立させていく国権の最高機関であるが、どの法案をどんな順序で、どういう日程で審議して成立させていくかを取り仕切るのが、各政党に設けられた国会対策委員会（略して国対）である。党の私的な一機関にすぎないが、国会まわりに関しては非常に大きな権限を持つ。

国会は会期が決まっているので、会期中に法案が成立しなければ、次の国会まで持ち越しになってしまうか、解散総選挙などがあれば廃案になることもある。せっかく法案を国会に出したとしても、成立しなければ水の泡……とまでは言わなくても、時間と手間をまた一から要することになってしまう。

国会に関するあらゆることを決める法定の機関は「議院運営委員会」（議運）。こちらは国会に設置されている委員会の一つであって、国会の日程や内容、トイレ（女性用のトイレを増やすとか。かつては国会内に女性用のトイレは非常に少なかったのだ）まで国会のことはすべて決める。国対は議運と対《つい》をなしているイメージだ。

国会対策委員長の経験が長い古賀誠《こがまこと》氏は、国対委員長のことを「院内幹事長」と表現していた。それだけ権力と権限があるということだ。国対族の非常に重要な役目は、与野党の国対族同士で信頼関係をつくることだ。国会は与野党が時に対立しながら法案を審議、採決まで持って行くわけだから、この国対同士の折衝が元になるわけである。

あとどのくらいの審議が必要だとか、もう採決したい、いやそれはまだ認められない、などをやり取りして時機をはかっていくわけだ。与野党の対立が激化してくると国対間のやり取りもひんぱんになるし、友情だって芽生える。国会の外で密会することももちろんある。古くは自民党の金丸信《かねまるしん》氏と社会党の田辺誠《たなべまこと》氏の国対族としての盟友関係が有名で、「なれあい」とも批判された。

民主党（当時）のある議員が国対副委員長になったときのこと。まずは人間関係をつくらねば、というわけであれこれ調べたら、公明党の国対委員長と同郷であることがわかった。そんなわけで公明党担当となって、「同郷のよしみでよろしくお願いします」などと毎日通って、信頼関係を構築していった。まさに営業である。

非常に政治的な場であって、厳しく対立するときもあるし、対立しているように見せかけて実は話ができていたり（握る、と表現することが多い）することもある。だから、一見どなり合ったりしていても、演技にすぎないときもある。政治とは演劇的な場であるが、国対の場ではより役者であることが要求される。

たとえば、２０１７年の通常国会では「共謀罪《きょうぼうざい》」法案が最大の争点の一つだった。与野党は激しく対立、自民党は参議院で委員会採決を省く「中間報告」という奇策で成立させた。

自民が「中間報告」を提案したとき、朝日新聞の２０１７年6月19日の記事によれば、提案された民進党の榛葉賀津也《しんばかづや》参議院国対委員長は「参院の自殺行為だ」と、国会の廊下で待つ記者に聞こえるような怒声を発したという。

採決が強行された後、自民は集中審議を提案した。すると榛葉氏は同じ相手を「英雄」と持ち上げた、という。この記事で、担当記者は「怒声は演技で、マスコミは踊らされたのかもしれないと思った」と率直に記しているが、おそらくそうなのではと私も感じている。

「国会対応」の極意

政治家が国会をどう切り回していくかを考えるのが「国会対策」だとしたら、官僚が自分たちのつくった法案をどう国会を通していくかを考え、通すためにあれこれ動くのが「国会対応」だ。

彼らがいくら知恵をしぼって法案をつくっても、国会を通らなければ法律となって施行されない。だって、官僚のつくった法案は与党が賛成するんじゃないの？　基本はそうである。けれども、だからといってなかなか一筋縄《ひとすじなわ》ではいかないのだ。

たとえば、２０１７年の通常国会で政府が提出した法案は66本で、そのうち63本が成立した。成立率は95・５％だが、これは、自民党の政権復帰後の通常国会としては、２０１４年の97・５％に次いで、二番目に高い成立率なのだ。２０１５、２０１６年と成立率は９割を下回っている。

つまり、国会に出しさえすれば、あとは与党が賛成してくれるから可決できる、安心！ではないわけだ。

法案ができあがったら、「閣議」（54ページ参照）を経て国会に提出される。その後は国会対策のプロセスで、官僚は直接タッチできないが、各省庁とも国会担当のポストを置いている。なかでもいちばん徹底しているのは財務省だ。

各省庁の国会担当ポストは通常キャリア組がなるが、財務省にはノンキャリもいて、若い頃から国会対応ただ一筋で歩んでいく。さすがというか、そこまでというか、やはり政治との距離の取り方、というか接近の仕方が他の省庁と違う。違いすぎる。

国会担当の官僚たちは、国会内の国会対策委員長室を訪れては法案の「営業」をする。なんとか自分たちの法案を少しでも早く国会で審議、成立させてほしいというわけである。

あるベテラン官僚が国会対応の極意《ごくい》を三つあげていた。それは「三つの『お』」。お願い、お詫《わ》び、お礼、だそうだ。前述したように彼らは法案を審議する当事者ではないから、とにかくまずは政治家たちにお願いをする。そして、いろいろと失礼があったり、不手際があったら、速攻お詫びをする。そして、法案が審議に入ったり、成立したり、政治家が動いてくれたら必ずお礼をせよ、というわけである。

営業の基本と言えなくもないが、これができることも出世する官僚の条件だ。

「日程」に政治のかけひき

政治とは「日程」である。さまざまな日程を決めることそのものが政治のかけひきであり、権力闘争であり、交渉である。たとえば、国会をいつ開いていつ閉じるか。いつ衆議院を解散して選挙をするのか。２０１５年に安倍内閣は野党の要求にもかかわらず臨時国会を召集せず、強い批判を浴びた。憲法第五十三条で「内閣は、国会の臨時会の召集を決定することができる。いづれかの議院の総議員の四分の一以上の要求があれば、内閣は、その召集を決定しなければならない。」と規定されているのにもかかわらずだ。

当時、通常国会を大幅延長して安保法制を成立させ、世論には反発の嵐が吹き荒れていた。そこで、外交日程を理由に臨時国会を開かなかったのだ。いわば、敵前逃亡のようなものだ。

また、２０１７年から２０１８年にかけて問題になった与野党の質問時間の配分も、広義に言えば日程の範疇《はんちゅう》に入るだろう。それまで与党と野党の質問時間は２：８だった。それを与党は与野党同じ割合の５：５にするよう要求し、そうはならなかったものの、野党の質問時間は従来よりも減ったのである。

他の項でもふれているように、自民党は「事前審査制」（１４５ページ参照）をとっており、国会に提出された法案には賛成である。だから、自民党には法案の中身を厳しく確認したり修正したり、ということは期待できない。ゆえに野党の質問時間を多くとっているのだ。実際、２０１６年のカジノ法案の審議では、自民党議員が質問することがないからと、般若心《はんにゃしん》経《ぎょう》を唱えたこともあった。

毎年国会で審議される予算も、いつ衆議院を通るかという日程が一つのポイントである。憲法第六十条の規定で衆議院通過後30日以内に参議院が可決しなければ予算は成立するから、衆議院をいつ通過するかが年度内成立の決め手となる。

政治家が夜誰と会うのか？　というようなインフォーマルな日程も、非常に重要だ。政治は夜動き、その会合で重要なことが決められたりするからだ。私たち記者にとっては、夜どこで誰が誰と会い、何を話したかをつかむことが非常に重要になる。だから料亭やホテルの前で張り番をし、政治家の家に夜回りに押しかける。

最高権力者たる首相がどこで誰と会った、という日程は各新聞が「首相動静」「首相の一日」のような欄で報じている。ここでは必ずしも事前に発表された日程がそのまま載っているわけではない。たとえば国会で首相と誰かが議論した後、「お疲れさま」ではないが、さらに言葉を交わしたりする。そういった突如発生した立ち話的なものも、ある程度の時間（何分以上と規定があるわけではないが）があれば、そういった欄に掲載される。

第2章　官と政と権力

「閣議」決定

「閣議」とは内閣法第四条で「1　内閣がその職権を行うのは、閣議によるものとする。2　閣議は、内閣総理大臣がこれを主宰する。この場合において、内閣総理大臣は、内閣の重要政策に関する基本的な方針その他の案件を発議することができる。3　各大臣は、案件の如何《いかん》を問わず、内閣総理大臣に提出して、閣議を求めることができる。」と定められている政府の最高意思決定機関のはずである。

週二回、火曜と金曜に開かれ、法案や人事などを決めている。ふだんは官邸で、国会開会中は主に国会内で開かれている。首相を中心に閣僚が座っている風景を見たことがある人も多いだろう。閣議の後には大臣がそれぞれ記者会見する。

はずである、と書いたのは、形骸化《けいがいか》しており、実質的な意思決定はされず、ほとんど儀式となっているからだ。取り上げられる案件や閣僚が何を発言するかは、実は事前に官僚が文書で用意していて、発言の順番も決まっている。案件ごとの閣議書には閣僚が「花押《かおう》」と呼ばれる形式で署名する。花押はその人によって独自のデザインがある。

もっとも数は少ないが、例外もある。２００５年に小泉純一郎《こいずみじゅんいちろう》首相が郵政民営化をめぐって国会を解散したときがそうだ。解散するためには解散詔書に全閣僚が署名することが必要だが、解散に反対していた島村宜伸《しまむらよしのぶ》農林水産大臣が拒《こば》んだ。そこで小泉首相はその場で島村氏を罷免《ひめん》、自らが農水相を兼務して解散に持ちこんだ。

第二次安倍《あべ》内閣では２０１４年から閣議と閣議の後におこなわれている閣僚懇談会《こんだんかい》の議事録を公開している。内閣発足以来初めてだが、官邸ホームページの「閣議」欄から見ることができる。議事録は、陪席《ばいせき》する官僚出身の官房副長官と内閣法制局長官が手書きでメモしている。

これを見れば、いかに形骸化しているかは一目瞭然である。たとえば２０１７年８月１日の定例閣議と閣僚懇談会は11分。官房長官の司会のもとに官房副長官が人事や政令などの案件を説明、そして官房長官が「これをもちまして、閣議を終了いたします」。引きつづき閣僚懇談会が開かれ、官房長官が発言を求めると安倍晋三《しんぞう》首相が３日に内閣改造を予定しているとごく短く言及。あっという間に終わったのだった。なぜ安倍内閣が公開を始めたかといえば、２０１３年に特定秘密保護法を制定し、批判されたのが背景にあるとみられる。

ちなみに、ある閣僚経験者にどうやって花押を決めたのか聞いてみたら、地元の書家に吉相のデザインを考えてもらったとのことだった。

「首相秘書官・補佐官」の役目

総理大臣には省庁から派遣される事務の秘書官と、筆頭格で政務秘書官がいる。事務の秘書官は財務省、経済産業省、外務省、警察庁が基本で、そのほかに防衛省や厚生労働省などから派遣されるときもある。

政務秘書官は首相就任前から秘書を務めていた人がなることが多い（たとえば、小泉純一郎首相の飯島《いいじま》勲《いさお》秘書官）が、第二次安倍政権で安倍首相は第一次安倍政権の際に事務の秘書官を務めた経産省出身のあの今井《いまい》尚哉《たかや》氏を起用した。

安倍内閣で憲政史上初の女性秘書官山田《やまだ》真貴子《まきこ》氏が登用されたときは、もともと総務省出身だが経産省に出向中だったため、経産省から二人の事務の秘書官がいるという変則的な事態となっていた。

秘書官は省庁と官邸の橋渡し役となり、国会答弁や政策のとりまとめなどをおこなう。50代前半くらいのベテランかつエースが選ばれることが多い。

補佐官は実務を担当して首相を補佐し、内閣法で5人まで置けると定められている。安倍内閣では成長戦略を担当する国土交通省出身の和泉《いずみ》洋人《ひろと》氏や、政策企画を担当し、内閣広報官も兼務する長谷川榮一《はせがわえいいち》氏に加え、政治家からも衛藤晟一《えとうせいいち》参議院議員らが起用されている。

現在の安倍内閣で目立つのは、第一次政権、あるいはそれ以前からつきあいのある人たちだ。つまり「信頼できる」ということなのだろう。第二次安倍政権発足時の首相秘書官のうち、財務省の中江元哉《なかえもとや》氏、外務省の鈴木浩《すずきひろし》氏は安倍氏が官房長官時代の秘書官の再起用だ。鈴木氏は駐英公使だったがロンドンから帰任させた。

もう一つは、これまた今井氏をはじめとして経産省出身者が多いことだ。安倍内閣が成長戦略など、産業政策に力を入れているのはこのためだ。

ちなみに、安倍首相にとって補佐官は、第一次政権のときに苦《にが》い思い出がある。世耕弘成《せこうひろしげ》氏や小池百合子《こいけゆりこ》氏（当時は安倍氏に近かったのだ）、根本匠《ねもとたくみ》氏、山谷《やまたに》えり子氏など近い議員を登用して官邸主導をめざしたもののちぐはぐさが目立ち、「お友だち内閣」「少年官邸団」などと揶揄《やゆ》されたのだ。

だから今の官邸の布陣は実務能力がある人たち、それからなんといっても安倍首相にとって信頼できるメンバーで固めているのだろう。

「呼び込み」というセレモニー

「呼び込み」とは、新内閣の発足や内閣改造のときに、新しく閣僚となった人々が官邸に呼ばれることである。一種のセレモニーだ。官邸の正面入り口で車をおごそかにおりて、組閣本部へと向かっていく。その様子はテレビで繰り返し流され、まさに晴れがましい瞬間である。

政治家になった甲斐《かい》があった、この日のためだった、と思う人もいるかもしれない。うれしいような得意なような、しかしあまりそれを表に出しすぎるのもどうか、というえも言われぬ表情で、みなさんしずしずと歩いていく。

セレモニー的な要素がほとんどなので、なくしてはどうかという議論も過去にあったらしいが、やはりお約束とお作法、様式美に満ちた政治の世界。セレモニーこそ重要、これをなくしたら大事な晴れ舞台が少なくなってしまうということで続いている。

呼び込みのあと、皇居での認証式を経て官邸の階段での記念撮影となる。このとき、男性はモーニング、女性はロングドレスが多いが、和装姿も。モーニングまで準備して議員会館に持ちこんでいたのに、あてが外れた人も過去にはいた。

「番記者」の距離感

政治記者になって典型的なパターンはまず総理番をして、それから政党や官邸の記者クラブに所属し、有力な政治家の担当となることだ。これを政治家の「番記者」と言う。略して単に「番」と言うことも多い。「安倍番」「菅《すが》番」などのようにも使う。

番記者としてオーソドックスなのは、官邸であれば官房長官番、それから官房副長官番。兼務をするときもある。政党の場合は自民党ならば党幹部の三役、幹事長、総務会長、政調会長にそれぞれ担当がつく。だいたい三役の派閥が違う場合が多いので、派閥担当を兼ねることになる。加えて、国会の動きを追うために国会対策委員長番もつくことが多い。

番記者としていかに取材先との距離をとるか。正直言って、非常にむずかしい問題である。相手の懐《ふところ》に入りこみ、信頼を得なければ情報は取れない。

しかも、政治取材、権力闘争はつまるところ人間研究、心理学の世界である。どんなふうに考え、どう動くか。それをつかまなければ表面的な記事となる。とはいえ、癒着《ゆちゃく》してしまっては権力を監視するという記者の本来の役割から外れてしまう。

私はあるベテラン政治家から（私はこの人の番ではなかった）、「記事を書かなくなってこそ政治記者として一流」と言われたことがある。つまり、政治家から信頼されていろいろな相談も受け、政治の世界のインサイダーとしてふるまえるようになってこそ一人前の政治記者という意味だろう。

一面の真実ではあると思う。そこまで信頼を得てこそ初めて得られる情報というのは確かにある。昔はおそらく、こういう記者が今よりも多かったのではないか。しかし……これではジャーナリストの役割を果たすことができなくなってしまう、とも思う。

私よりはるかに先輩の記者……政治記者として有名な人だった……から、「記事は政治家へのラブレター」と聞いたこともある。すなわち、新聞記事とは、私はあなたのことをこんなふうに見ていますよ、理解していますよ、だから私のことを信頼してくださいと表現する場だというのだ。この気持ちもわからないでもない。が、これでは読者不在、非常に内向きでなんのために記事を書いているのかわからなくなってしまう。

自分自身を振り返っても、私がどこまで政治家の信頼を得てきたかはわからないけれど、聞いたことを１００％書いているかと言えばそうではない。でも、記者という仕事に誠実でありたいと思ってきた。悩みつづけ、失敗しつづけながらここまで来たというのが実情だ。

「夜討ち朝駆け」の内実

「夜討《ようう》ち朝駆《あさが》け」は、「夜回り朝回り」とも言う。記者の代表的な取材手法である。フォーマルなインタビューや、昼間の行動を追っかけまわすだけでなく、朝に晩に政治家の家やら、会合場所やらに押しかけて話を聞く、あるいは聞こうとする。

政治は夜動く、とも言う。政治家は夜ごとに会合を重ね、権力が動き、ものごとが決まっていく。記者は常にそれを追って最新の動向と流れをつかんでおかなければならない。

加えて、政治家は昼間に時間がないから、話を立ち止まって聞けるのは夜や朝にどうしてもなってしまう。どの程度夜回り朝回りに時間を割《さ》いてくれるかは、政治家次第だ。

きちんと立ち止まって話をしてくれる人。あるいは、家の中に招き入れてビールでも飲みながら話をするのが好きな人。ある議員は、全盛期にあったときには毎朝ホテルで朝食をとり、そこに記者も呼んで一緒に朝ご飯を食べさせてくれていた（あの費用はどこから出ていたのだろう？　ちなみに、私は担当ではなかった）。

逆に、どんなに長い時間待っていようともまったく立ち止まることもなく、記者が追いすがってもほとんど無言で行ってしまう人。それどころか、記者に帰ったことがわからないように議員宿舎の地下の駐車場に車で入って、ロビーで待つ記者のところを通らず、部屋までそのままエレベーターで上がってしまう人もいる。

　それに気づかず待っていたりすると悲惨で、まったくの徒労、時間の無駄になってしまう。私もどれだけの若くて貴重な時間を無駄にしたことか……。あるいはタイミングが合わず、こちらが議員宿舎のトイレに行っていたほんの数分の間に帰宅して、自室に入ってしまったこともあった。情報を取ることに加え、「こいつは今日も来ていた」という熱心さを相手に見せることが大事なのに……とほほ。

　議員宿舎の自室に入ってしまったのかどうかを確認するために、部屋の前まで上がっていき、電気メーターが回っているかをチェックしたり、部屋の中から声が聞こえるか玄関ドアに耳を近づけて確認しようとしたりしたこともある。ほとんど間抜けな探偵というか、ストーカーの世界である。

　たとえ首尾よく夜回りができたとしても、それだけでは凡百の記者であり、ライバルたちとの競争に勝つことはできない。夜回り終了後に電話をかけてみる、もう一度訪問する、メールする、手紙を書く。自分だけとの信頼関係をつくってもらうために、営業努力を重ねるのである。どこの世界でも一緒であろうけれども。

決死の「ぶら下がり」

「ぶら下がり」は記者の取材手法の一つ。きちんと座って話を聞くのではなくて、立ったま
ま、あるいは横を歩きながら聞く場合もある。オンレコの正式な取材として位置づけられた「ぶら下がり取材」もあれば、オフレコが前提の場合もある。時間のない政治家に取材しようとするとこうなるわけだ。まわりを囲む記者の様子がまるで取材対象にぶら下がっているように見えることから、このように呼ばれているのだろう。非公式な呼び方なのかと思っていたが、最近では官庁なども「ぶら下がり取材」と正式な用語として使っている。

政治家にとって、国会内を歩くときに記者が寄ってきて引き連れて歩くような場面は、自分の権力を示す場というか、自己顕示欲を満たすシーンでもあるようだ。

政治記者になって間もない頃、政治家が多くの記者に囲まれて歩いている様子を見て、巨大な蓑虫《みのむし》みたいだなあと思ったことがある。ぶら下がる側からすると、「位置どり」が大切である。同じぶら下がるのでも、政治家のすぐ横かどうかによって聞こえ方も全然違うし、質問のしやすさは比べものにならない。

蓑虫みたいなぶら下がりは、ゆっくりゆっくり歩いて、政治家と記者が一体となって動い

ていくような様子であるが、そんな平和な場合ばかりではもちろんない。いや、そういう場面のほうが少ない。

多くは、急いで歩く政治家に追いすがり、ぎゅうぎゅうときりもみ状になりながら質問を浴びせ、無視されながらも食い下がる、というか置いて行かれないよう、政治家の言葉を聞き漏らさないよう、微妙な表情の変化を見逃さないよう、必死でついていくのである。

記者同士で足をふんづけ合ったり蹴《け》ったり、満員電車もびっくりの押し合いへし合いをしながら、とろい私は大げさに言うと、ぶら下がりのたびに決死の覚悟だった。

首相に対してもぶら下がり取材は多く見られる。もともと首相への取材は、森喜朗《もりよしろう》首相までは、首相番記者の一人が首相の横を歩きながらやりとりし、各社に内容を伝える手法だった。ところが、森喜朗首相は就任早々、就寝時間について「うそをついてもいいんだろう」という発言が物議をかもし、しばらく「……」と無言が続いた。最後には何を聞いても無言となってしまった。

対照的に、小泉純一郎首相は原則として一日二回、首相が立ち止まって各社の質問に応じる方式に変更された。その後も踏襲されたが、菅直人《かんなおと》首相が東日本大震災への対応を理由に中断。その後の野田佳彦《のだよしひこ》首相もしなかったが、第二次安倍政権では不定期におこなわれている。

「ホテル」の密談

政治記者になってから、ずいぶんと赤坂界隈の「ホテル」に詳しくなった。ホテルは政治まわりでのさまざまな用途に使われる。朝、昼、夜の食事つき会合はもちろんのこと、食事のない会合にも用いられる。派閥の事務所が置かれ、総裁選や代表選がおこなわれればその拠点として使われることもあるし、政治家のパーティーもよく開かれ、党大会が開かれることもある。

政治家にとってホテルのメリットは、密談がしやすいことだ。レストランにも個室があることが多いし、会議室や客室ともなればますます秘密も保ちやすい。しかも、経路が複数あり、出入り口が多くあることも重要である。私たち政治記者の目をくらましやすいからだ。

私たち政治記者はホテルで重要な会合があることをキャッチしたら、まずホテルの駐車場に政治家の車があるかどうかをチェックして、車を確認できたらホテルの入り口出口を手分けして張り、どこから出てきてもわかるように、すべて押さえるようにする。

しかし、政治家もホテル側の協力を仰ぎ、通用口や従業員向けの出口からそっと抜けさせてもらうこともある。取り逃がして悔《くや》しい思いをしたことも何度もあった。

国会の真裏にあるその名もザ・キャピトルホテル東急（キャピトルとは国会議事堂の意味だ）、ホテルオークラ、ホテルニューオータニ、ＡＮＡインターコンチネンタルホテルあたりが代表的なところだろうか。

今は新しい建物になってしまったが、かつての赤坂プリンスホテル（後にグランドプリンスホテル赤坂、赤プリ）も非常に政治と関係の深いところだった。

プリンスホテルを傘下《さんか》に持つ西武グループを一代で築き上げ、衆議院議長も務めた堤《つつみ》康《やす》次《じ》郎《ろう》氏が岸信介《きしのぶすけ》元首相と親しかったため、赤プリの開業間もなく岸派＝清和《せいわ》会《かい》の事務所が設《もう》けられたという。

２０００年に小《お》渕《ぶち》恵三《けいぞう》首相が倒れたとき、後継首相をどうするのか決める際にも、青木幹《あおきみき》雄《お》氏、森喜朗氏、野《の》中《なか》広務《ひろむ》氏、村上正邦《むらかみまさくに》氏、亀井《かめい》静香《しずか》氏の「五人組」が赤プリに集まって密談した。もちろん記者たちもその会合の情報はつかんでいて、当時、私も夜中まで赤プリで待ちつづけた。

当然、高級ホテルだからコストは高い。朝食でも３０００円はするし、夜ともなれば一万円はざらにかかる。

かつて、今は亡くなった自民党の有力政治家に、野党のやはり実力者と対談をしてもらえないかと申し込んだ際、先方はキャピトル東急の部屋をとるよう指定してきた。もちろん数万円かかる。そのとき、私はまだ政治部に異動してきて間もない頃で、政治とはゴージャスな世界なんだなあと驚いたものだ。

最近のホテルはセキュリティが厳しくなった。以前は宿泊していなくても自由にどのフロアにも出入りすることができたが、今はカードキーがなければフロアに立ち入ることができなくなったところも多い。

2017年夏におこなわれた民進党代表選挙戦で、枝野《えだの》幸男《ゆきお》陣営はキャピトル東急に選対本部を構えたが、もちろん出入りする人たちすべてにカードキーが手渡されるべくもなく、ある議員は「いちいちフロントに行かなければだめなんだよな」とこぼしていた。私たち記者も取材がしにくくなった。

得体のしれなかった「ヒラカワ」

「ヒラカワ」とは首相官邸や国会議事堂、自民党本部などのある日本の政治の中心部、東京都千代田区永田町に隣接する「平河町」のこと。かつて自民党本部は今の永田町でなく、国道246号の向かい側にある、現在の砂防会館の場所だった。

そこで、自民党担当の記者クラブを平河クラブ、と呼んだ。党本部が永田町に移ってからもそのままの名称だ。略してヒラカワ。

同じような言葉に、外務省の霞クラブ（通称カスミ）、財務省の財政研究会（ザイケン）がある。首相官邸の内閣記者会は永田クラブだが、ナガタ、と呼ばれているのはほとんど聞いたことがない。

今から20年前、政治部に初めて配属されたとき、「ヒラカワ」というのは政治取材序列の頂点に位置する畏《おそ》れ多い担当であって、一介の総理番だった私には、なんだかもうえらそうでかっこよくって、まばゆくって重かった。

不出来だった私には「ヒラカワ」というだけで逃げだしたくなるというか、アンタッチャブルというか、そんな怖さがあった。

それはきっと私が新米だったせいもあるけれども、政治や政治家が今よりもずっとスケールが大きくて深く、おごそかなものだったからなように思う。そういう何か得体のしれないもの、この国を動かしている権力に対する畏れというようなものが「ヒラカワ」という語感にはあった。

それからずいぶんとたって、政治も政治家も、そしてわが身の小ささももちろん含めて政治記者ものすごく小粒になったように思う。しかも安倍一強、なんていうふうになると、政治における党の力が本当に弱くなって、それとともにヒラカワもますます軽くなったように感じる。

かつてのように秘密めいてかつ何か得体《えたい》のしれない恐ろしげなもの、という風情《ふぜい》は相当に薄まったようにみえる。

少し話は変わるが、私は常々野球取材と政治取材というのは似ていると思っている。

野球取材をしたことはないけれども、スポーツの中でも営々と積み重ねてきた伝統と歴史がとびぬけてあって、いろいろな決まりごとがある世界。なかでも、巨人担当（G番というそうだ）と、かつてのヒラカワは似ていると思っている。

歴史と伝統と権威があって、非常に閉じた社会。ごく限られた特権階級の記者しかアクセスすることができず、しかもその中で誰の担当をするかによってもヒエラルキーがある。

さまざまなお約束があり、秩序があって、それを簡単に破ることは許されないし、破った者は放逐《ほうちく》される。

日本の取材界における二大権威の世界、二大秘儀の世界ではなかったのだろうか。スポーツ記者にそう言ってみたところ、まあそんな感じだね、と言われた。

少なくともヒラカワのほうは、かなり等身大になってきた。党と官邸の力関係が変わって党の重みが増すことになっても、かつての秘儀と権威の世界までは戻らないように思える。政治そのものが軽くなり、小さくなる一方だからだ。

「院内ヒラカワ」のブラック度

「ヒラカワ」があるのは自民党本部だけではない。国会内にもあって、こちらは「院内ヒラカワ」という。国会開会中はこちらが本拠地となる。

ここが信じられないくらいに狭苦しい場所で、総理番の私は最初、あっけにとられたものだ。まず第一にスペースがない。穴倉というかカイコ棚という言葉がぴったりだ。

各社の机が並んでいるのだが本当に狭苦しくて、机の背面は壁になっており、記者が座っているとそこを通るのは体を横にしてカニ歩きしないと無理だった。太った記者が通るのはたいへんだった。

一つの大きな部屋に机が並んでいるだけだから、各社の電話の声は響き渡る。私はただでさえ声が通るほうなので、電話をするときにはいちいちクラブの外に出なければならず、そのたびにカニ歩きで難儀をしたものだ。

しかも、夏は暑い！

その暑さたるや尋常《じんじょう》でなく、猛暑とか酷暑とかそういう問題ではなく、想像を絶するものだった。おそらく、廊下と比べて３度以上、いやもっと暑かったのではないか。何か空調の関係でそこだけどうしようもなく、直そうとしたら何百万円もかかるとかで、記者クラブ加盟社で議論をしたものの、工事には反対があったのだという。

空気というのは高温のところから低温のところへ流れるもので、私が自民党担当だった20年前、廊下から院内ヒラカワの入り口に近づくと、ごおお、と空気が対流して、熱風がクラブの中から吹きつけてきた。

いや、これ誇張《こちょう》で言っているのではなくて、本当の話である。しかも、暑さ対策としてクラブの入り口付近に扇風機を何台か置いていたものだから、さらに熱風に輪がかかった。その中に突撃していくのは、まさに決死の覚悟だった。あまりの暑さに、バケツに水を汲《く》んで足をつっこみながら記事を書いていた記者もいたとか。

私はその環境と、そこで書いている記事（日本の行く末や未来がどうなる、とか、権力がどうのこうの、とか）の中身の落差に驚きあきれたものだった。権力ウォッチ、権力闘争の記事は、炎暑のカイコ棚から産みだされたものだったのだ。

ブラック企業とか言ったって、あれ以上の環境の悪さはなかなかないと思う。しかも、国権の最高機関の中の話である。

私がしばらく自民党担当を離れて、数年たって戻ってきたら空調が効《き》くようになっていた。どうしてそうなったのかは知らない。

「党人派」の人脈

「党人派《とうじんは》」とは、自民党で官僚出身者や世襲《せしゅう》議員ではなく、秘書や地方議員からのたたき上げの政治家のことをさす。

今の自民党は世襲議員や官僚出身者が占める割合が多い。

官僚出身者や世襲議員に比べ、党人派はエリートではなく苦労をしていることが多いことから、人情の機微《きび》に通じ、細やかな心づかいができて、黒衣役《くろこ》や縁《えん》の下《した》の力持ちもいとわないように見受けられる。

たとえば、今の自民党でいえば二階俊博《にかいとしひろ》氏が代表格だろう。国会議員の秘書からはじめ、県議を経て国会議員になった。菅義偉《すがよしひで》氏も同じように、秘書から市議を経て永田町に来ている。今や絶滅危惧種といっていいかもしれない。

あえて大胆に類型化すれば、物怖《ものお》じせずに鷹揚《おうよう》にものを言う二世、政策をスマートに語る官僚出身、苦労人であるがゆえに人の心のひだがわかる党人派というところだろうか。

歴史的にみれば、竹下登《たけしたのぼる》元首相や田中角栄《たなかかくえい》元首相も党人派である。田中氏はよく「かごに乗る人担《かつ》ぐ人、そのまたわらじをつくる人」と言った。

党人派はこのわらじをつくる人、この地味でつらい作業をあえて選ぶような人たちともいえるかもしれない。

自民党幹事長を務めた古賀誠《こがまこと》氏も党人派の代表格だが、かつて竹下氏から3センチほどのわらじを贈られたという。紫のふくさに包まれた桐の箱の中に入っていたそうだ。

「政治主導」という首相主導

「政治主導」は、この20年ほどの政治の主要なキーワードの一つ。「首相の権限強化」「首相官邸機能の強化」という意味合いで使われる。

橋本龍太郎《はしもとりゅうたろう》首相は橋本行革を掲げ、中央省庁再編と首相権限の強化を図り、政策決定を官僚から首相官邸の手に取り戻そうとした。

さらに、１９９９年に自民党と自由党が連立政権を組む際、自由党党首の小沢一郎《おざわいちろう》氏は政治家による政策立案を強化するため、長年の持論だった、政務次官に代えて副大臣と政務官を置くことを要求して実現させた。

小泉官邸は経済財政諮問会議の舞台を活用し、予算編成の基本方針を官邸主導で決めて、郵政民営化や道路公団改革などに取り組んだ。

民主党政権も政治主導を掲げた。政策決定の一元化や経済財政諮問会議をパワーアップさせた国家戦略局が予算編成の司令塔となることをめざしたものの、小沢一郎氏らが起こした党内抗争に力をそがれたことや、与党慣れしていない未熟さのために挫折した。

現在の第二次安倍政権は、政治主導を実現してはいる。官邸のもとに外交・安全保障政策の司令塔となる国家安全保障局を設け、内閣人事局で官僚の幹部人事を決めている。経済財政諮問会議も活用している。

なかでも、人事で次々に独自色を打ちだしているのが特色だ。憲法の解釈を変更して集団的自衛権を容認するため、内閣法制局長官に外交官出身で法制局の勤務経験がない小松一郎《こまついちろう》氏を起用し、大胆な金融緩和を主軸とするアベノミクスを実行するために、日本銀行総裁に元財務官の黒田東彦《くろだはるひこ》氏を据えた。

どちらも異例の人事といえる。法制局長官に外交官出身者も、過去の勤務経験がない人も初めてだったし、日銀総裁は財務省出身者から選ばれる場合は大物次官ＯＢが起用されるのが常だったからだ。どちらも、首相がすすめたい政策の推進力としての人事だった。

さらに、２０１３年に提示したＮＨＫの経営委員の候補では、特に安倍首相との距離が近い人々が目立った。首相と親しい作家の百田尚樹《ひゃくたなおき》氏や保守派の論客である哲学者、長谷川《はせがわ》三千子《ちこ》氏、首相の小学生時代の家庭教師だった日本たばこ産業顧問の本田勝彦《ほんだかつひこ》氏である。首相のメディア支配の一環といえようか。

ただ、政治主導は一歩間違えると、「なんでもあり」「政治家の勝手・わがまま」「官僚を使うのではなくて政治家がすべてやろうとする＝政治家が電卓をたたく」になりかねない。

実に使い勝手のいい言葉でもあるし、実際政治家が自分たちの解釈のもとに都合よく使ってきた。たとえば、公共事業を自分の選挙区に誘導するときに、「これが政治主導」などと言うように。

政治主導の定義として私がいちばん得心がいったのが自治官僚から鳥取県知事となり、総務大臣も務めた片山善博《かたやまよしひろ》氏による「国民の代表である国会議員が、国民の視点で政策を決める」こと（２００９年８月27日付読売新聞のインタビューより）。このためには政治家が高い見識と判断力、そしてまっとうな生活者の感覚を持ち、官僚の言いなりでも官僚を外すのでもなく、使いこなすだけの力量を持たねばならない。

「政と官」のあり方

「政と官」、政治家と官僚の関係をどうつくっていくか。これもまた、「政治主導」と並んで政治の主要なキーワードの一つでありつづけている。

よくも悪くも自民党政権は官僚組織と二人三脚で歩んできた。もたれ合い、相互に利用、依存し合ってきた。たとえば閣議も、前日の事務次官会議で決められたことを追認するにすぎない。

民主党政権では政と官の接触制限も図ろうとした。鳩山《はとやま》政権の誕生直後、9月に閣僚間で申し合わせた「政・官のあり方」には、政策立案過程で大臣等以外の「政」から「官」への具体的働きかけがあった場合は大臣等へ報告する、「官」から大臣等以外の「政」への働きかけは原則おこなわない、府省の見解を表明する記者会見は大臣等「政」がおこない、事務次官等の定例記者会見はおこなわない――などが明記されている。事務次官会議も官僚主導の象徴だとして、鳩山政権の誕生早々に廃止された。

だが結局は、この接触制限はじきに有名無実化した。事務次官会議も野田政権のときに復活している。

この政官接触制限は、実は、遡《さかのぼ》れば小泉内閣のときに一度検討されている。自民党の国家戦略本部が２００２年、法案の「事前審査制」（１４５ページ参照）の廃止とともに、事務次官会議廃止、政府・与党の一元化をはかるために大臣を任命して党政調会長と兼任させる（87ページ「『政府・与党』の二元体制」参照）などを盛りこんだ提言を出した。

あわせて、提言ではないが、「政と官の接触制限」についてのアピールもまとめた。「政と官」の癒着解消をめざし、「国会議員や秘書が官僚に接触する場合は、原則として閣僚、副大臣、政務官が対応する」とした。

自民党からは異論が噴出して立ち消えになったが、民主党はこれらをすべて実行しようとしたのだ。

さらに、政官接触制限は福田《ふくだ》康夫《やすお》政権下でも検討され、法制化されようとまでした。２００８年に制定された国家公務員制度改革基本法では、もともとイギリスの制度を参考に議員に政策を説明する専門官を新設、大臣の指示で動くなど「集中管理」をめざした。ただ、自民党のみならず、民主党からも反対論が出て、政府案は頓挫《とんざ》。接触の記録の保存や情報公開をうたった。

では法施行後、政官の接触はすべて記録され、保存されているんだろうか？

答えは否。

毎日新聞が２００８年６月の同法施行後に作成された政官接触の記録について２０１５年、11省に情報公開請求をしたところ、一通も存在していないことがわかったという（！！！）。

なんというか、要するに政も官もやる気がないのだとしか思えない。

ただ、日常的に政と官が接触している今では、すべての記録を残すことは常識的に考えてかなりむずかしいというか無理ではないかと思える。政治家と官僚のコミュニケーションがないことが癒着を断ち切る術《すべ》なのかといえば、それも疑問に思える。

ポイントとなるような、あるいは幹部クラスの接触は記録に残す。

そして必要なのは、政と官が癒着しない、不健全な関係に陥《おちい》らないということを不断に検討しつづけること、だろうか。

三者の「鉄の三角形」

「鉄の三角形」は日本政治において、政策形成で政治家、官僚、業界団体が相互に利益を供与し合って癒着し、政策のあり方をゆがめる構造をさす。

政治家は官僚が成立させたい法案の成立を支え、官僚も政治家の政策づくりを支援する。業界団体は政治家を資金面、および選挙で支援し、官僚は業界団体に天下《あまくだ》りを受け入れてもらう。つまりは政策と票とカネを媒介にしたクローズドな利益供与システムであり、三者にすればウィンウィンの関係であり、ある意味合理的でもある。日本だけの現象ではなくて、欧米の政治でも見られる構造である。

昔はこれでうまくいっていた。高度経済成長のもとで人々は組織化され、経済は膨脹《ぼうちょう》しつづけていて、このシステムはみんなに都合がよかった。しかし、時代は変わる。

ごく限定された層に向いてだけ政策がつくられ、予算は硬直化し、何が望ましい政策かの議論もなされない。要するに、フェアじゃないわけである。グローバル化が進み、産業の構造も変わった。しかも人口減で税収も伸びないこの時代、一部の人たちだけが得をしつづけるシステムはもう続けていられない。社会や経済のシステムが変わったのだ。

無党派層が増えて業界団体の力は弱まってきており、天下りの規制も強化されたこともあって、鉄の三角形の結びつきは相当崩《くず》れている。とはいえ、まだ存在している。冒頭に書いたように、ウィンウィンの関係だからだ。

官僚にすれば、こんなに国のために身を粉《こ》にして働いているのに給料は安いし、せめて引退後くらい天下りして楽をさせてほしい……と思ってしまうのは理解できないわけでもない。受け入れてくれる業界団体のために規制緩和や税制、法律をつくるのは……うーん、おかしいけど、相互関係においてはそうなるであろうと想像できる。

それに、官僚は国のために法律を起案するわけだが、国会を通らないと法律にならないわけで、その役割を担《にな》う政治家を取りこむ、味方にする、応援するのは当たり前とも言える。政治家だって当選しなければ話は始まらないわけで、応援してくれる業界団体は心強い味方である。そのために、彼らが望む政策をつくるのはまあ当然のなりゆきだろう。

これを打破するにはどうしたらいいか。一部の限られた人たちだけが得をするシステムをなくす一つの方法は、みんなが投票に行くことである。

組織化されていない人たちが投票に行けば、相対的に組織の投票力は弱まる。あるいは、組織化されていない人々も政治運動というか選挙運動というか社会運動というかを起こして政治を動かすことである。

それは可能である。恒常的な組織をつくる必要はまったくない。２０１６年、待機児童問題に議論を巻き起こした「保育園落ちた」ブログはそういったムーブメントであった。一人のブログが多くの共感を呼び起こし、野党の国会議員がそこに目をとめて国会でとりあげ、政府をも動かしたわけである。

これを戦略的におこなった例もある。たとえば、２０１６年に成立した休眠預金活用法……日本では10年間利用のない銀行口座などの預金が年間約１２００億円ほども発生し、そのうち７００億円近くが払い戻されずに残る。これまでは銀行の利益になっていたものを、民間の公益活動に使えるようにする……も、民間の人々が政治にはたらきかけて実現したものである。

政治家だって、鉄の三角形ばかりが行動原理ではない。納得して、実現したほうがいいと思うことのためには動く。鉄の三角形を打破することは可能なのだ。

「財務省」の廊下とんび

「財務省」は日本の財政を司《つかさど》る役所。旧大蔵省。国のお金の使い道を決める予算編成をし、歳入源である税制を企画立案し、国債発行を担う。

1998年の接待汚職などで、過去に比べて相当威信《いしん》は低下したものの、財務省の官僚はエリート中のエリートで、難関の国家公務員一種のキャリア官僚の中でも、入るのはいちばん厳しいとされている。それだけにキャリア官僚たちのプライドも超・高い。

財務省が誇るのはその組織力である。よく比較されるのが経済産業省だが、こちらは個人力や自主自立的な行動が推奨《すいしょう》される伝統があるのに対し、財務省は組織力を誇る。だから、組織の秩序を破るものは許されない。

かつて大蔵官僚だった桜内文城《さくらうちふみき》前衆議院議員は現役官僚時代、憲法改正をテーマに雑誌で他省庁の官僚と対談。相手にはなんのおとがめもなかったが、桜内氏は上司の怒りに触れ、地方や海外に出されたという。

キャリア官僚のみならず、ノンキャリアといわれる官僚たちも組織力を誇る。専門の分野を持ちながらもゼネラリストの道を歩むことが多いキャリア官僚に対し、ノンキャリアの役人たちは担当が細分化され、この道一筋、職人的に専門を極《きわ》める。

たとえば、法改正のときに必要な作業に「改め文」（かいめぶん、と読む）作成というものがある。改正箇所について「○○を××に改め」と列挙していくのだが、いろいろな細かいルールがあってややこしい。財務省にはこれを専門とする人たちがいる。いわば「改め文職人」である。

あるいは、国会担当になると、国会開会中は朝から晩まで国会に詰め、各法案の審議状況や国会の進行状況などの情報を取る。

予算や税では各省庁の金まわりを決めるわけだから、権力的になる。たとえば、予算編成時などには主計局のある2階の、それぞれの省庁の予算編成担当である主計官《しゅけいかん》（この呼び名からしてなんだか権力の匂いがぷんぷんとする）の部屋の前にはイスが並び、省庁の担当者たちが説明のために順番待ちをしている。

主計官と、その補佐である主査《しゅさ》は自分たちよりも他省庁の一階級上の担当者たちと折衝することが慣例だ。前者は課長クラスだが部長・審議官と、後者は課長補佐クラスだが、課長と交渉する。以前は何時であろうと主計官が呼びつけたら即行かなければならなかったという。

政治との距離も独特である、というか、非常に近い。政治家は自分の地元や推す政策にできるだけ予算をつけてもらいたい。となると、財務官僚たちと密接な関係を築きたい。また、財務官僚たちも自分たちが企画立案した予算や税制を実現させるために政治家の後押しが必要だ。

このため、政治家と密接な関係を築く官僚たちは多い。これは他の役所とは比べものにならない関係の濃さである。

気の利《き》いた官僚になると、我々記者のように、あるいはそれ以上に議員会館の「廊下とんび」をして議員をたずね歩いている。

ただ、第二次安倍政権は前述したように経済産業省との関係が深いため、財務省と官邸は距離がある。それへの焦《あせ》りもあったのか、2018年3月には森友《もりとも》学園の決裁文書改ざんという前代未聞の不祥事が発覚した。

自分たちこそが国を支えているというかつてのプライドはどこにいったのか。財務省はどうなるのだろう。

「政府・与党」の二元体制

新聞によく出てくるけれど、わかりにくい表現の「政府・与党」。なんでこんな書き方をするのか？「政府と与党」と言い換えることもできるが、なぜ、並列に書くのだろう。

その理由は、日本の政治や政策決定の仕組みにある。

何か法律をつくるときにどうするか。閣法ならば内閣、すなわち政府が法案を国会に提出するのだが、その前に党内の議論を必ず経る。自民党を例に見てみよう。

各省庁ごとに分かれている部会、政調審議会、さらには総務会を経て法案はもまれ、了承される。そのうえで国会に提出されるわけである。他の項でもふれているが、法案の中身についての与党の実質的な議論はこの時点で終わっているわけだ。

しかし問題は、この議論が国民に見えないことだ。

たとえば、２０１３年に民法で規定されている婚外子の相続差別は違憲という最高裁の判決が出た。判決に基づき、民法が改正された。最終的に民法改正案は了承されたが、このときの自民党の部会の議論は……なんというか……最高裁判決が出ているのだから法律は改正しなければいけないとわかっているのだが、感情的にイヤ！　のような意見がたくさん出ていた。たとえば、「格差がなくなれば『不倫』の抑止力もなくなる」「わずかな例外のために法改正をしなければならないのか」など（私たち記者は、こういう国民の目に見えない議論を取材して報じるのが仕事だ）。

このように、政策決定が政府と党の二元体制なのである。責任の所在があいまいで、政策決定過程も検証しにくい。

今は安倍一強といわれ、官邸＝政府の力が強い状況である。しかし、党のほうが強い時もある。時の政治状況に左右され、わかりにくさは加速する。

というわけで、かつて民主党が政権交代をしたとき、この政府・与党の二元体制を改め、一元化をめざした。

２００９年の総選挙で出されたマニフェスト（という言葉ももはやネガティブワード、死語になりつつある）では、鳩山政権の政権構想、5原則の「その2」に、「政府と与党を使い分ける二元体制から、内閣の下の政策決定に一元化へ」と高らかにうたいあげている。その意気やよし。その実現のためのシステムとして、大臣、副大臣、政務官による政務三役会議などもつくられた。

ところが、政治は人の営《いとな》みで、人は感情の生き物である。仕組みや制度だけではうまくまわらない。政権交代を果たし、政務三役に登用された人たちの高揚感とは裏腹に、政府に入れなかった議員たちには不満がたまった。

政権交代という世紀の出来事があっただけになおさらだ。その負のエネルギーを小沢一郎氏が吸い上げ、自分のパワーとして権力闘争を仕掛けた。鳩山政権は迷走し、小沢氏はやがて党を離れることになり、一元化もかけ声倒れに終わってしまった。

話がずれたが、政府・与党となっているのは政策決定が二元的だからである。そして今の安倍一強下では政府＝官邸のほうが力がはるかに上回っている。ある意味わかりやすくなっているかもしれないが、今の状況がいいことなのかどうかは、わからない。

万全のシステムや仕組みはないわけで、いかに政策決定の透明化を図るか、国民の納得が得られるように日々見直すことが重要なのである。

「ベルを押す」人

衆議院と参議院の国会本会議が始まるとき、それを知らせるために衆議院は開会10分前に、参議院は5分前に予鈴を、開会の時に本鈴が鳴らされる。かなりのボリュームで、国会中に響き渡る。

ベルを押すのは衆議院、参議院各議長の権限である。つまり、議長が「ベルを押す」ことを了承しなければ国会が開会できないわけで、転じて、議長の権威を表す意味となる。

日本は行政、立法、司法の三権分立の統治システムを採っており、それぞれのトップである総理大臣、衆参議長、最高裁長官は「三権の長」と呼ばれる。が、もっとも国民にとってなじみが薄い、というか意識をしないのは衆参議長ではないだろうか。

国会を開会するかどうかがなぜ議長の権威と直結しているのか。与野党が対立して国会が膠着《こうちゃく》してきたとき、国会を開会するかどうかで議長の見識が問われるからである。

衆参議長は第一党から出されるのが通例だから、通常は総理大臣と出身が同じ政党の所属なわけである。だから本来、法案に賛成か反対かは同じ考えであろう。

しかし、建前《たてまえ》からいえば立法は独立しており、それゆえ中立な立場であるはずの衆参議長と副議長は党籍を離脱するのが慣行だ（しかし通常、任期を終えると元の政党に戻る）。したがって、もし参議院議長が「こんなふうに与野党が対立しているなか、採決なんてとんでもない。本会議を開くなんてけしからん」と思えば、ベルを押さない＝開会させないことも可能なのである。

私が自民党を担当したての頃、まさにそういう場面があった。

２０００年のことだ。参議院比例区の選挙に非拘束名簿式を導入しようという公職選挙法改正案が国会で議論になっていた。非拘束名簿式とは、各党が候補を立てる際に、候補者に順位をつけずに得票順に当選が決まっていくやり方だ。

もともと参議院の選挙で全国区制が１９８２年に廃止されたときに導入された比例区選挙は、あらかじめ政党が候補者に順位をつけておき、政党の得票数に従って、順位の高い人から当選していくやり方（拘束名簿式）である。当時、自民党は参院選で苦戦が続いており、てこ入れのためには非拘束名簿式のほうがよいと判断したのだった。

与野党は激しく対立した。私も国会の中を、議員を追いかけて走り回った。大もめにもめた末、当時の斎藤十朗《さいとうじゅうろう》参議院議長（自民党出身）は、独自のあっせん案を与野党に提示した。

この「議長あっせん」というのも、議長の権威を利用して与野党に妥協案を提示し、膠着状態を打開しようというものだ。しかし、斎藤議長の案は与野党共に受け入れられなかった。

国会が不正常な状態でベルを押したくないとしていた斎藤氏に対し、自民党から「であれば議長が辞《や》めるしかない」という声が出て、斎藤氏は「議長の権威を保てなかった」と議長を辞任した。後任の議長は、さっさとベルを押した。

一連の騒動の後、国会の赤絨毯《あかじゅうたん》は短期間にあまりに多くの人がその上を行き来したからであろう、表面が毛羽立っていたのを今でもよく覚えている。

第3章　「選挙運動」

「応援」名人と下手な人

政治の場で「応援」と言うときは、選挙の応援をさすことが多い。閣僚や党幹部などが自分とは別の選挙区に入って集会や街頭で応援演説をしたり、有権者と握手をしたり、街宣車に乗ったりするのである。

安倍《あべ》晋三《しんぞう》首相や小池百合子《こいけゆりこ》氏クラスなら実物を見てみたいという人も多いだろうし、応援にも意味があるのかもしれない。しかし名前も知らないような大臣が応援に来ても効果はあるのだろうか？　と率直に思うのだが、「『大臣』というだけで、すごい、顔を見に行こうとなる」（ある東北選出若手与党議員の秘書）だそうである。

またどれだけ応援に呼ばれるかが、政治家の人気のバロメーターでもある。たとえば2017年の総選挙の際、自民党の遊説日程スケジュールに名前が載っていたのは、党幹部では安倍晋三総裁、二階俊博《にかいとしひろ》幹事長、岸田文雄《きしだふみお》政調会長、竹下亘《たけしたわたる》総務会長の三役に加えて小泉進次郎《こいずみしんじろう》筆頭副幹事長、橋本聖子《はしもとせいこ》参議院議員会長、閣僚では麻生《あそう》太《た》郎《ろう》財務大臣、野田《のだ》聖子《せいこ》総務大臣、河野《こうの》太《た》郎《ろう》外務大臣、茂木《もてぎ》敏充《としみつ》経済再生担当大臣、世耕《せこう》弘成《ひろしげ》経済産業大臣、小野寺《おのでら》五典《いつのり》防衛大臣などであった。

もちろん閣僚はまだまだ大勢いる。人気の有無《うむ》に加えて、自分の選挙が万全でなければ人の応援には行けない。石破茂《いしばしげる》氏や三原《みはら》じゅん子氏もあちこちに呼ばれていた。応援演説の中身も、その人なりの芸風や人柄が見えておもしろい。たとえば、準備万端、サービス満点なのが石破茂氏や小泉進次郎氏である。必ずご当地ネタを調べて豊富に盛りこむ。応援相手とのエピソードも入れる。逆に岸田氏はよく言えば無難、悪く言えばつまらない。頭の中を右から左にすーっと流れていってしまう感じである。

野田氏は破調というか、漫談チックというか、たとえば「私は、はっきり言って干されていました。孤立していました。総裁選に出ようとして出られなかった後は、野田に近づくと大臣になれない、党の要職につけないと言われました」という調子である。

２０１７年の総選挙は結局自民党の大勝で終わったものの、解散前後の時期はモリカケ問題があり、北朝鮮の脅威に備えて国民の信を問うという「国難」解散に、「なぜ今解散？」という国民の疑問の声は強かった。選挙戦中にも、安倍内閣の支持率よりも不支持率のほうが高かったのである（２０１７年10月19日付朝日新聞、支持率38％、不支持率40％）。だから、安倍首相はあちこち応援に飛び回ってはいたが、陰では「安倍さんは嫌われているから来なくていい。来ないでほしい」と言っている陣営も多かった。

「朝立ち」効果

「朝立ち」と聞いて何を連想するだろうか？　男性特有の生理現象で……いいえ、違います。

ここで言う朝立ちとは、政治家の顔を売るための活動の一つ。朝、通勤通学で人通りが多い時間帯に、駅頭などに立って演説などをすることだ。みなさんもみたことがあるだろう。政治家にとってごくごくベーシックな地元活動だ。政策ビラを配り、名前を売り、政策を話す。といっても、立ち止まって耳を傾ける人は皆無《かいむ》に近い。それでもひたすらやりつづける。

この朝立ちをひたすらやりつづけたのは民進党の野田佳彦《のだよしひこ》氏だ。大学卒業後、松下政経塾に入る。初めて朝立ちをしたのは1986年のことだ。のぼり旗1本にハンドマイク、毎朝ひたすら立ちつづけた。翌87年の千葉県議選に出馬して当選を果たす。

当時、私は家族と千葉に住んでおり、高校生だった弟は野田氏が演説をしていた津田沼《つだぬま》駅を使っていた。県議選の投開票後、弟と友人たちが「野田佳彦当選したよ！」と騒いでいたのをよく覚えている。つまり、高校生に浸透するほどひたすら立って、演説をしまくっていたということだろう。野田氏はその後も首相在任時以外は朝立ちを続けているという。彼いわく「浮動票は不動票になる」。なるほど。

「戸別訪問」に勝るものなし

選挙でいちばん有効な活動は何か。政治家に聞いてみると、住宅を一戸一戸訪れて顔を売る戸別訪問だ、と言う人が多い。

非常に地味で、労力のかかる活動である。だが地道に足で稼ぐことに勝《まさ》るものなし、ということなのだろう。駅頭で朝立ち夕立ちをするよりも、とにかく自分の名前を売って知ってもらうには、直《じか》に接するのがいちばんというわけだ。

確かに通りすがりよりも、直接言葉を交わしたほうがはるかに知ってる感、親近感は増すだろう。

とはいえ、公職選挙法で「戸別訪問」は禁止されている。第百三十八条にこうある。

「何人も、選挙に関し、投票を得若しくは得しめ又は得しめない目的をもつて戸別訪問をすることができない。

２　いかなる方法をもつてするを問わず、選挙運動のため、戸別に、演説会の開催若しくは演説を行うことについて告知をする行為又は特定の候補者の氏名若しくは政党その他の政治団体の名称を言いあるく行為は、前項に規定する禁止行為に該当するものとみなす。」

ここで注意すべきは、「選挙に関し」「選挙運動のため」と書かれていることだ。非常にわかりにくいのだが、ふだんの政治活動としてならば、家を訪問して挨拶をするのは、実質ゆるされているということのようだ。

ただ、都会を中心にマンションはオートロックが主流となり、一戸一戸にアクセスするのはむずかしくなっている。共働きで昼間家に誰もいない住居も多い。

公職選挙法はほかにもことこまかに禁止事項が決められていて、選挙期間中に選挙事務所で飲食物の提供をするのは原則禁止、ゆるされるのは「湯茶及びこれに伴い通常用いられる程度の菓子」だけだ。お茶もペットボトルのまま出すのは「有価物」となるからアウトで、キャップを外したり、コップに入れたりして出すのが「常識」だという。

ネット選挙は2013年に解禁されたが、投票を依頼する電子メールを送信するのが認められているのは政党や候補者のみで、有権者は禁じられているなど、細かい規定がたくさんある。

「票読み」の深層

地方支局の勤務時代に、初めて国政選挙（１９９６年の小選挙区制が導入された衆院選だったが）を取材したときに、ものすごい違和感を持ち、かつわからないものがこの「票読み」だった。

すなわち、この立候補者にはこれだけ投票されるであろう、という予測である。たとえば、後援会の基礎票が５０００、支持団体として医師会が１０００、農協が１５００、商工会が２０００……という具合である。

そして、票読みというのは結構あたるものだというのにも、うぶな私は驚いた。みんな、自分の所属する組織に忠実に投票するんだ……。

当時、私が思ったのは、投票なんて自分の好きにするもので、誰かに頼まれたからというしがらみでするものではないということだった。私が東京のベッドタウンのサラリーマン家庭で育ったということもあるだろう。都市に比べて地方のほうが風に左右されず、カタい票が多い。

しかし、「頼まれたから」「しがらみで」投票している人というのが多いということも次第にわかってきて、衝撃だった。

しかも、父の出身地である関東近県の田舎に帰ったときに地元のいとこに聞いてみたら、「誰が投票に行ったかはチェックしてすぐわかるし、投票所で誰に投票しているかも、たやすくわかる」とのことだった。

投票の秘密なんていうものは存在しないのだった。都会と田舎の選挙はまるで違うのだった。

支持団体や地盤ががっちりと根を張り、すみずみまで差配する。これもまた日本の政治の原風景である。

「小選挙区制」と魔の二回生

「小選挙区制」は１９９４年の細川《ほそかわ》政権時代、政治改革の目玉として導入が決まった。金権腐敗を打破し、政権交代可能な二大政党制をめざしたものだった。

確かに、それ以前の中選挙区時代、旧社会党は過半数の候補を擁立《ようりつ》しなかったから、「万年野党」で満足していたわけだ。その後15年かかって、民主党は政権交代を成し遂げた。がしかし、今、小選挙区制は非常に評判が悪い、ように見える。いわく、党主導の選挙となりすぎて候補者の力や顔が問われず、その時々の「風」に左右され、特に都市部では政治家が粗製濫造《そせいらんぞう》されるというのだ。確かに、「チルドレン」だの「ガールズ」だの「魔の二回生（今は三回生だが）」などが現れては、消える。

投票数の過半数を制すればよいので、民意を反映しないとも批判される。たとえば、投票率が60％だったら、その51％で、選挙区の有権者の３割超の支持さえ得られれば選ばれることになってしまう。

一応、多様な民意を反映するために比例代表制もとって、「並立制」としている。そして、小選挙区と比例代表両方に立候補することができる。すなわち、「重複立候補」であって、小選挙区で落ちても惜敗率（当選した議員にどれほど迫っていたか。当選議員の獲得票数を10 0としたときのその議員の票数の割合）によって、比例代表で復活することもできる。ゾンビ議員、などと呼ばれたりする。

しかも、比例代表には順位をつけられるので、話がややこしくなる。たとえ惜敗率が低くても、比例名簿の順位が高ければ、惜敗率がもっと高い議員を飛び越して当選することが可能になるのだ。

たとえば、2017年の総選挙でも、希望の党で、京都5区から出馬した井上一徳《いのうえかずのり》氏は党代表だった小池百合子氏に近く、近畿ブロックの比例名簿で2位となった。やはり小池氏に近い樽床伸二《たるとこしんじ》氏が比例単独1位だった。井上氏は小選挙区で落選し、惜敗率も32・4％だったが、2位だったために当選。奈良1区から出馬した馬淵澄夫《まぶちすみお》氏は惜敗率97・2％だったが、3位だったため落選した。

小選挙区制になって選挙区が小さくなった分、より選挙がどぶ板になった、と言う人がいる。しかし、同じ党の中で争っていた中選挙区制のほうが、政策本位ではなくて、サービス競争だった、血で血を洗うたたかいだった、と言う人もある。

中選挙区制時代に批判されたカネのかかる選挙というのは、政治資金規正法が強化されたこともあり、確かに「現金乱れ飛ぶ」というようなことはなくなった。

民進党が解体して野党が分裂し、野党第一党の立憲民主党も２０１８年１月現在で衆議院議席数55人と自民党の５分の１以下である。立憲民主党は主張が明確で、左右が同居した旧民進党が純化したゆえに支持を集めたとも評されるが、政権交代をめざすには、遠い道のりではある。

この制度で強い政権を維持している安倍晋三内閣のもとでは、選挙制度の見直しは政治課題となっていない。

「世論調査」という予測

今やこれがなくては選挙はできない。「世論調査」である。選挙ともなれば、いや選挙の前から各政党は細かく世論調査をして、どの候補が強いか弱いかを調べる。新聞社も専門の部署を持ち、コストをかけて実施している。

調査の手法は、電話。コンピューターが無作為に選んだ乱数番号の電話番号に人がかけることが多い。以前は固定電話のみだったが、最近は携帯電話も対象にしはじめた。

政党の場合は調査会社に委託し、コンピューターの自動音声で大量にかけることが多いようだ。私の家の固定電話にもかかってかかってきたことがある。無機質な自動音声で「○ガツ○ニチノ××センキョデ……」とかなんとか言っていて、最初はなんだコレ、不気味だと思ったが、ああこれがあの自動音声の世論調査か、どんなふうに聞くんだろう……と、留守電にしたまま聞いていたら切れてしまった。でも、これにも律義に答える人がいるらしい。とにかく大量にかけてかけまくり、回答を集める。

各陣営は数字を集めるのに躍起《やっき》になる。よければ安心……はするが、「これで緩《ゆる》んではいけない」と引きしめる。悪ければ「とにかくがんばれ、がんばれ」。

世論調査はだいたいのトレンドは当たるものの、個々の選挙区では当たるときもあれば外れるときもある。特に接戦のときや、選挙中に勢いが出てくる場合などはむずかしい。たとえば、２０１７年の衆院選で立憲民主党がここまで躍進するというのは、世論調査での予測以上だった。

選挙の情勢以外にも、政党支持率や個々の政策への支持、首相にふさわしい人なども聞くことがある。この、「次の首相にふさわしい人」は、永田町でも気にしている。しかし、永田町の中と外で評価がまるで違う人もいる。

たとえば、かつての小泉純一郎《こいずみじゅんいちろう》氏がそうだった。２００１年の自民党総裁選では、より国民に近い感覚が一般党員の地方票で爆発的に人気を集め、永田町でいちばん支持を集めていた橋本龍太郎《はしもとりゅうたろう》氏を引っくり返した。

２０１２年の総裁選では石破茂氏が地方票では過半数を得たものの、国会議員による決選投票で安倍晋三氏に敗れた。

２０１６年のアメリカ大統領選では、マスコミ各社の世論調査では軒並みヒラリー・クリントン氏が勝つとされていたが、当選したのはトランプ氏だった。

「二児の母」「三児の父」が売り物

「二児の母」「三児の父」……家族の様子の説明だが、政治の場ではキャリアになったり、票獲得へのお願いに直結する。前者の類語に、「女性」がある。政治の場に女性が少なく、生活感覚が薄いことの裏返しであろう。

選挙のとき男性の候補者が街宣車や選挙用ポスターに「三児の父」「五児の父」などと書いて、生活者なんですよ、子育てにも参加しているんですよということを強調するのは、最近見られることである。

「女性候補」というだけで売り物になることも、女性の割合がまだ衆議院で一割程度ということの反映である。選挙区内の候補が男性だけというのは珍しくもなんともない、というかほとんどの場合そうなのだが、女性候補だけとなると、途端に「女のたたかい」などと銘打《めいう》つのはやめてもらいたい。なかでも違和感があるのは、「女性の視点ならではの政策論争が繰り広げられるのかと思いきや、中傷合戦に終始した」のような記事だ。

2017年の選挙でもよく見られた。よく取り上げられていたのが、新潟4区、自民党の金子《かねこ》恵美《めぐみ》氏対民進党から無所属となった菊田《きくた》真紀子《まきこ》氏のたたかいだ（菊田氏が勝った）。まあ、女が少なく物珍しいからそういうふうに取り上げるのだろうけれど、女性ならではの視点ってなんだ？　女性のほうが生活に密着しているから、保育や子育て、介護とか？　女性が少ないゆえ注目されるけれども、こういうステレオタイプ的な記事になってしまう。

男性が子育てをするのが当たり前になれば、三児の父も売り物にはならない。もっとも以前は、男が子育てをしないことが当たり前だったから、こういうことは売り物にすらならなかった。

まったくの無視の時代から売り物になる時を経て、やがて当たり前だから売り物にならないという時代は一体いつ来ることか。

「チルドレン」「ガールズ」の量産

小選挙区制になってから、選挙が「風」で左右され、本人の努力というよりも、そのときの世の中の空気や党首の力などが当落に大きく影響するようになってきた。それゆえに「チルドレン」「ガールズ」が量産されるのである。

２００５年の郵政総選挙における小泉チルドレン、２００９年の政権交代における小沢ガールズ、第二次安倍政権下において、不倫や秘書への暴言・暴行など問題が続出した「魔の二回生」（今は三回生となったが）も、それにあたるだろう。

しかし、その後も生き延びつづけるのはたいへんだ。魔の二回生で、２０１７年の総選挙で当選したのは１０１人中の87人、８割超だった。

落選したのは「ちーがーうーだーろ！」の豊田真由子《とよたまゆこ》氏、夫が不倫で議員辞職した金子恵美氏、路チューが報じられた中川郁子《なかがわゆうこ》氏ら（相手の門博文《かどひろふみ》氏は小選挙区では落選したが、比例復活した）。被災地視察に長靴を持参せず、政府職員におんぶされて「おんぶ政務官」と批判された務台俊介《むたいしゅんすけ》氏も小選挙区では落選したものの比例復活だ。

小泉チルドレンはどうだろう。83人いたうち、２００９年に議席を死守したのは稲田朋美《いなだともみ》氏らわずか10人。しかし、しぶとい人もいた。翌２０１０年の参院選に片山《かたやま》さつき氏ら５人がくらがえして当選、２０１２年の衆院選では42人が議席を獲得した。

小沢ガールズは悲惨だ。２００９年に初当選した民主党の「ガールズ」のうち、２０１７年の総選挙でも当選したのは、なんと山尾志桜里《やまおしおり》氏だけである。

ちなみに、小沢一郎《おざわいちろう》氏はガールズが当選したばかりのとき、彼女たちのことを気にかけていた。ちょうど２０１０年に新しい議員会館が建設されて、部屋の場所を決めたときのことだ。小沢氏は第一議員会館６０５号室だった。両隣の部屋は山岡賢次《やまおかけんじ》国会対策委員長、元秘書の樋高剛《ひだかたけし》副幹事長になった（今は引退と落選で、二人ともいない）。

ガールズのうち、田中美絵子《たなかみえこ》、福田衣里子《ふくだえりこ》、小原舞《おはらまい》、櫛渕万里《くしぶちまり》の各氏も同じ階になり、「ガールズストリート」のようだった（今は誰もいない）。山尾氏も当初、ガールズストリート入りする予定だったが、妊娠がわかり、国会内保育所のある第二議員会館となった。

落選即「引っ越し」の掟

「引っ越し」は時に政治家において、哀切きわまりない、悲しみに満ちたものになる。国会議員の現職が落選したら、超スピードで議員会館の事務所と議員宿舎を撤収しなければならない。その後に新たに永田町にやってきた、あるいは落選を経て戻ってきた人たちが入居するからである。投開票がおこなわれた週のうちに会館と宿舎から立ち退くのだ。

悲しみにひたっているひまも、落ちこんでいる余裕もない。２０１７年の総選挙の後も、落選した議員もスタッフと一緒にひたすら荷造りする様子があちこちで見られる。慌《あわ》ただしく荷造りしたり、会館の廊下を台車が往復する横を、当選祝いの胡蝶蘭《こちょうらん》が華々《はなばな》しく運ばれていく。なんとも言えない光景である。

引っ越し作業がすすむ国会議員会館を歩いていたら、業者が出入りするからだろう、ふだんよりも多く会館の部屋の一覧表が貼ってあった。横線で消してある名前があったので、ええ？　落選議員？　ずいぶん露骨なことをするなあと思ったら、引退した議員たちだった。一足先に撤収して、もう会館を出た後だったからである。

「業界団体」イコール利益団体

「業界団体」は、特定の産業や業務などに携《たずさ》わる企業や個人でつくられている団体。利益団体と言うこともある。政治への交渉窓口となったり、政治団体を別に持ち、支持母体となることもある。

団体そのものが自民党の職域支部となり、参議院に組織内議員を出している団体には、たとえば全国郵便局長会、JAグループと全国農業者農政運動組織連盟（全国農政連）、日本遺族会と日本遺族政治連盟などがある。似て非なるものに労働組合がある。こちらの支持は野党である。

2009年に民主党に政権交代したときに、幹事長だった小沢一郎氏は業界団体こそが自民党の勢力の源であると目をつけ、切り崩しを図るとともに、自らのもとにその力を集めようとした。さすが元自民党幹事長、政治のプロである。

彼の頭にはもともと、2009年の選挙に勝った先、2010年の参院選があった。ここで勝って、衆参共に与党民主党が過半数を占める安定政権をつくらねばならない。でないと、2007年の参院選で民主党が勝って「ねじれ」国会となり、その後の福田《ふくだ》康夫《やすお》内閣や麻生太郎内閣が政権運営に苦しんだときの二の舞になってしまう。そして、参院選のカギといえば業界団体である。

彼が何をしたかといえば、あからさまに自民党支持団体に切りこんだ。全国土地改良事業団体連合会は小沢氏のかつての「政敵」、野中広務《のなかひろむ》氏が会長を務めていた。小沢氏は2010年度予算で、土地改良予算の半減を求めたのだ。

全国土地改良政治連盟は同連合会の政治団体だが、2010年の参院選で組織内候補の擁立を取りやめた。だが、予算は半減された。

さらに、農林水産省は政治的中立を理由に、国会議員や地方議員が連合会や各地の土地改良区の役員を兼務しないよう促す通知を送った。森喜朗《もりよしろう》元首相や青木幹雄《あおきみきお》元官房長官は連合会の理事を辞任したという。野中氏は「政治的中立」を宣言した。

また、小沢氏は陳情を幹事長室に一元化するよう求めた。予算要求や優遇税制といった要望のある業界団体や自治体は民主党の都道府県連に申請する。都道府県連はマニフェストに沿った要望を幹事長室に提出する。幹事長室が集約して優先順位をつけ、各省庁の政務三役に伝える、という仕組みで、議員個人が直接省庁に働きかけることを制限した。

補助金の箇所《かしょ》付《づ》け（予算配分）も、民主党の地方組織を通じて自治体の首長に伝えるようにした。

誰がどこで決めているのかわからない補助金や政策決定に比べれば、一元化ということでわかりやすく透明化がすすんだといえるかもしれない。しかし、小沢氏とその周辺に権限が集中して、彼らの一存で決まってしまうという危うさがあった。民主党は政策決定の一元化をめざしたと87ページの「『政府・与党』の二元体制」でも記したが、これではまさに二元化、しかも党の力が大きくふくらんだのだった。

その後小沢氏は、政治資金問題などで幹事長を辞任、参院選で民主党は敗北し与野党が逆転、国会は「ねじれ」状態となったのだった。

「公募」候補

「公募」は政治家になる候補を、広く一般から募集すること。ここでは国会議員の話に絞る。とかく世襲《せしゅう》や官僚、地方議員などからに偏《かたよ》りがちな政界の人材を、多様に集めたいと始まった。

1992年に結党した日本新党が採用したのが始まりのようだ。1993年の衆院選で日本新党の公募に応じ、初当選したのが立憲民主党の枝野《えだの》幸男《ゆきお》代表だ。

旧民主党は、世襲議員の多い自民党との対抗軸をたてるためもあって、積極的に候補者を公募した。たとえば、2000年の総選挙では、栃木1区から出馬し、自民党のベテラン、船田元《ふなだはじめ》氏を破って注目を集めた水島広子《みずしまひろこ》氏（二期務めて引退）などが当選している。民主党の公募から国会議員になり、今も現職なのは細野《ほその》豪志《ごうし》氏や山尾志桜里氏などがいる。

自民党が本格的に公募を導入したのは安倍晋三首相が幹事長時代だ。党改革の一環だった。2004年4月の衆議院埼玉8区補選で初めて導入し、大量に当選したのは刺客擁立が必要だった2005年9月の郵政総選挙だ。20人以上の公募候補を擁立した。

その後も公募は続けられているが、手続きの正当性を示すために「公募」という形はとるものの、実際は世襲議員が通ることに最初からなっている「出来レース」の場合もあるという。

そんなお粗末な例はあっても、政治家の人材供給源を多様にするという意味では公募は一定の役割を確かに果たしている。

「マンション」の窓

「マンション」は、政治家の地元活動における一つのポイント。自分に入れてくれる確実な票を一票でも増やすには、地元の家々を一軒一軒回って、直接会って名刺を渡し、言葉を交わし、どんな政策を欲しているかを聞き、自分の政策を話し、支持を頼み、ポスターを貼ってくれるように頼まねばならない。

しかし都市部を中心に増えている、というか、新築のマンションはほとんどそうに違いないが、オートロック式のマンションはこれを阻《はば》むのである。

インターホンを押してもまず直接出てきてはくれない。オートロック式でなく、個々の部屋の玄関前まで行ければ、最初はインターホン越しでもドアを開けてくれるかもしれないが、オートロックだと部屋の前まで行かせてくれる可能性はずっと低くなってしまう。政治家泣かせなのである。

一方で、このマンションが、選挙の際にはどれくらい支持されているかをはかるバロメーターとなる。街宣車でマンションや団地の前を通りかかる。あるいは近くで街頭演説をする。普通の反応は、開いていた窓が閉まる。あるいは何もなし。それがちょっといい感じになると窓が開く。さらによくなると窓辺に人が出てきて手が振られる。最高の反応だと、自分の部屋から駆け下りて出てきて手を振り、握手を求めに来る。

河野太郎氏は、13歳のときに父・洋平《ようへい》氏の総選挙で選挙カーに乗り、団地を通りかかると窓が次々に開いて手が振られたことを鮮明に記憶していると語っている。新自由クラブが結成されたときの熱狂である。

私のこれまでの取材でも、窓が開いて手が次々に振られた、という人が落選したことを聞いたことがない。

たとえば、２０１７年の総選挙では山尾志桜里氏がそうだった。事前の調査ではスキャンダル報道で苦戦が予想され、実際大接戦だったが、選挙戦では人々が窓を開けて手を振り、マンションから出てきた。そして彼女は僅差《きんさ》で勝利を収めたのである。

「組織票」の暗黙

「組織票」とは、選挙の際に団体がまとまってある特定の政党や候補に入れる票のこと。かたくて読める、候補者にとってはありがたい票である。

代表格が公明党＝創価学会の票だ。各小選挙区に約２万票あるといわれ、連立与党の自民党の、特に地盤が安定しない若手候補にとっては欲しくてたまらない票である。それを手に入れるためにはどうするか。自民党の候補であっても、比例代表での公明党支持を訴えるのである。代わりに、選挙区では自分に入れてくれ、というわけである。

たとえば、２０１７年の総選挙で見られた光景ではこんなことがあった。「為書《ためが》き」といって、「祈　必勝」などといった文言と、政治家や業界団体代表などの名前が大書されているポスターのようなものがある。

各候補の選挙事務所には、その為書きがべたべたと貼られているスペースがあるが、自民党候補なのにいちばん目立つところに公明党代表の山口那津男《やまぐちなつお》氏のそれが、その隣には「比例は公明」とこれまた負けずに大書されたポスターが貼られた事務所がいくつもあった。街頭宣伝活動でも、「比例は公明にお願いします」。公明党の地方議員と共に街頭宣伝活動をしていた候補もいた。選挙カー自体に「比例は公明」と書いてある場合も。「比例も自民へ」と書いてあった有力候補も、演説では「比例は公明へお願いします」。

私の見た範囲では、ポスターに「比例も自民へ」と書いてあったのは菅《すが》義偉《よしひで》氏くらいのものだった。菅陣営では、街頭宣伝でも一切「比例は公明」と言わなかったそうである。菅氏は公明党の支持団体である創価学会とのパイプ役を務めているのだが。逆に、菅陣営の人々がビラを配っていると、「菅さん好きだけど、公明党に入れてね」と言われたそうである。創価学会の関係者であろう。ただ、菅氏は国政に初挑戦して当選を果たした１９９６年の総選挙で、新進党の創価学会系の候補と激しい選挙戦の末、制した経験がある。

また、野党で同様なのが共産の票である。たとえば、新潟１区。２０１７年は立憲民主党の西村《にしむら》智奈美《ちなみ》氏が約12万8０００票を得て、約11万3０００票だった自民党の石崎《いしざき》徹《とおる》氏を制した。２０１４年は石崎氏が９万２０００余、西村氏が８万４０００余、共産候補が２万余である。立憲民主党に風が吹いていたこともあるが、野党共闘による候補者一本化が成功した例といえよう。

とはいえ、前原誠司《まえはらせいじ》氏が共産党のことを「シロアリ」と評したように、一度共産党に自分の地盤に入ることを許すと、その組織力でどんどん侵食していくのだそうである。それが怖くて共産との共闘に二の足を踏む人も多いようだ。

「冠婚葬祭」特に葬儀は重要イベント

「冠婚葬祭」は、政治家にとっては実に重要なイベントである。地元で顔を売り、票につなげるチャンスだからである。

特に葬儀は重要だ。通夜や葬儀そのものでなくてもお線香をあげに行くことができるし、呼ばれなくても行ける。そもそも故人と知り合いでなくたって絶対にばれない。

しかも、人はつらいとき、悲しいときに来てくれた人のことをよく覚えている。遠ければ遠いほど、がんばって行く甲斐《かい》がある。

かつてあるベテラン政治家の担当をしていたとき、ものすごいへんぴな田舎にお線香一本あげに行くのについて行ったことがある。

2時間ほどかけて出かけて、その家に滞在したのは15分ほどだっただろうか。その家を後にすると政治家は「これで10年、票は堅い」とつぶやいた。

衆議院議員を二期務めた水島広子氏は、２０１７年8月15日のツイッターでこんなふうに記した。

「議員時代、この時期は、スーツのズボンの膝に穴があきそうな勢いで、初盆のお宅を毎日、確か1日に１００軒以上は訪問したな。やけに空いている電車を見ていたら思い出した」

特に新人議員にとっては、新盆は大切である。そして祭りがあれば率先して参加する。神輿《みこし》を一緒にわっしょい、わっしょいかついで連帯感を持ってもらう。盆踊りでも、もちろん踊りの輪に入る。

ある女性議員は言った。「私、絶対盆踊りには浴衣《ゆかた》で行かないの。必ずスーツ。それで踊るの。なんでって？　決まってるじゃない。そのほうが目立つからよ」

とにかく目立って、覚えてもらって、入れてもらう。「見られる」ことが平気でなければ、政治家は務まらない。

「後援会」の実態

自民党の国会議員の選挙を支えるのは「後援会」である。町内会などの地縁組織をもとに、自営の中小零細企業主、農家などが集まって結成する。

議員たちは週末になると地元に戻り、後援会を軸とした集まりに顔を出して交流し、つながりと支持を保つ。

後援会は選挙となれば、がっちり一丸となって応援する。青年部や婦人部があり、ポスター貼りから選挙カーの運転、はがき書きや電話かけといった一切の選挙実務を担《にな》う。

かつて中選挙区制度時代、自民党内の議員で競い合ったときには、どれだけ強力な個人後援会をつくれるかが勝負だった。また、自民党系の市議、県議といった地方議員をどれだけ自分の系列において動いてもらえるかも勝敗を分けた。

ところが、小選挙区制度となってだいぶ様相が変わってきたようだ。党が前面に出てきて、風が選挙の行方を左右する。特に都市部においてはそうだ。前述のような自営業者よりもサラリーマンが多く住み、固定した政治家を支持しない無党派層が多いためだ。

2005年の郵政総選挙、2009年の政権交代総選挙がいい例だ。両方の選挙制度を知る永田町のベテラン秘書は、「中選挙区制のほうが、同じ政党同士で競い合わねばならない分、はるかに選挙はたいへんだったし厳しかった」と言う。

都市部選出の若手議員には、後援会組織をそもそもつくろうとしない人もいる。どうせ風で左右されるのだから、つくっても無駄だというのだ。

そんな若手に業《ごう》を煮やしたのか、自民党は２０１４年、全所属議員に党員１０００人獲得のノルマを課した。達成できなければ不足分一人につき２０００円の罰金、党が派遣する海外出張の費用を本人に自己負担させることにもなった。

約１５０人が罰金を払うことになったという。かつての自民党なら考えられないことである。

「解散権」の行使

２０１７年９月28日、臨時国会の冒頭で衆議院は解散された。この解散は安倍晋三首相が決めたもので、憲法第七条「天皇は、内閣の助言と承認により、国民のために、左《さ》の国事に関する行為を行ふ。」の三番目に挙げられた「衆議院を解散すること。」に基づくものだ。

この条項は、内閣のトップである首相が「解散権」を持つと解釈されており、解散権は首相だけに許された専権事項とされる。首相はいつ解散するかについてだけはウソをついてもいい、とも言われる。解散は衆議院だけにあるもので、参議院の解散はない。

国会解散は憲法第六十九条「内閣は、衆議院で不信任の決議案を可決し、又は信任の決議案を否決したときは、十日以内に衆議院が解散されない限り、総辞職をしなければならない。」にも盛りこまれている。だが、今の憲法のもとで、内閣不信任案を受けて国会が解散したケースは4回しかない。

首相は権力を最大化するため、あるいは権力を維持するために自分の思うタイミングで、解散権を行使する。解散理由について、２０１７年は北朝鮮危機による国難と消費税増税分の使途変更を大義名分に掲げた。

野党の分裂に助けられたものの、結果的に安倍首相の読みはあたり、自民・公明の与党は３分の２を得る大勝となった。

２００５年には当時の小泉純一郎首相が、郵政民営化法案について参議院で否決されたのを受け、「国民の声を聞いてみたい」と衆議院を解散している。

衆議院が解散せずに任期満了に至ったのは現行憲法の下では一回だけで、三木武夫《みきたけお》内閣のときだ。自民党内に、首相を批判する「三木おろし」が猛烈に吹き荒れ、解散するタイミングをはかりかねている間に初の任期満了総選挙に至った。

もっとも、首相の恣意的《しいてき》な解散権の行使については制限すべきだという指摘も多い。日本が政治制度のお手本としているイギリスでは、２０１１年に首相が自分の所属する政党に都合のいい時期に解散するのを防ぐため、議員の任期を5年とし、解散には下院の定数の３分の２の賛成が必要だと定めた。

２０１７年にあった総選挙では、メイ首相が提出した解散の動議に野党も賛成し、可決された。このときの選挙で与党は過半数を失い、メイ首相の敗北に終わった。

第4章 「政党」と「議員」

「族議員」の面目躍如

国会議員で、ある特定の政策について通じている人たちを「族議員《ぞくぎいん》」と言う。よく言えば専門家であり業界の代弁者となり、関係省庁とも密接な関係を築いて政策をつくり、影響力を行使する。

わかりやすいのが、参議院の比例区選出の議員たちだ。111ページの『業界団体』イコール利益団体」でもふれたが、自民党の場合は「職域支部」と言われ、特定の業界の代表者という位置づけだ。業界の強力な後押しを受けて当選し、当選後はその分野の政策づくりに励む。民進党の場合は労働組合出身者が多い。

たとえば、2016年におこなわれた参院選。自民党の1位で当選した徳茂雅之《とくしげまさゆき》氏は全国郵便局長会顧問＝郵政族、6位の足立敏之《あだちとしゆき》氏は元国土交通省技監＝国交族、8位の藤木真也《ふじきしんや》氏は元全国農協青年組織協議会会長＝農政族、9位の自見英子《じみはなこ》氏は日本医師連盟参与＝厚労族、というわけだ。

民進党を見ると、1位の小林正夫《こばやしまさお》氏は元東京電力労働組合中央副執行委員長、2位の浜口《はまぐち》誠《まこと》氏は自動車総連顧問、3位の矢田稚子《やたわかこ》氏は元パナソニックグループ労連副中央執行委員長、

５位の川合孝典《かわいたかのり》氏はＵＡゼンセン政治顧問……といった具合である。

自分の影響力を行使するために、特定の業界分野をつくる動きもある。たとえば、今伸びているシェアエコノミー。ここにも政治家が群がりはじめている。

言うまでもなく政治家が特定の専門分野を持ち、政策を磨《みが》くのは悪いことではない、というか大事なことだ。政治の重要な機能の一つである。ただ、国民全体を見回して今何が必要なのかを考えず、特定の細分化された分野への利益誘導が過ぎると、政治や政策がゆがむことになる。

経済が右肩上がりで成長している時代なら財源も豊富にあっていいが、今は右肩下がりの時代で、政策の優先順位付けが必要な時代である。

かつて古賀誠《こがまこと》氏が自民党幹事長時代に小泉純一郎《こいずみじゅんいちろう》首相を誕生させた。古賀氏は幹事長として、自民党総裁選の規定を変えて地方票を３倍に増やし、国会議員の票では圧倒的に優位とみられていた橋本龍太郎《はしもとりゅうたろう》氏を小泉氏がひっくり返すきっかけとなった。

報奨人事として財務相就任が持ちかけられたが、古賀氏は党の道路調査会長を選ぶ。地元に道路整備をして恩返しをしようと思ったからだ。

実際、選挙区には九州自動車道みやま柳川インターチェンジが設置され、九州新幹線の駅が２つできた。有明海沿岸道路は「誠道路」といわれるそうだ。道路族の面目躍如《めんもくやくじょ》である。

「バッジ」あるいは「バッジ組」

「バッジ」は国会議員であることの象徴。国政選挙の後、新人が議員となって初めて国会に登院すると、国会の係員に胸にバッジをつけてもらう風景がよくテレビで映しだされる。議員であることをさして「バッジ」「バッジ組」と言ったりもする。

直径2センチほどで、衆議院は赤紫、参議院はナス紺に金の菊の花びらがデザインされ、国会内では着用が義務づけられている。初登院のときに一個交付され、議員であれば、衆参ともに税込み1万6200円で追加購入もできる。上着のボタンホールに装着するタイプ、ピンで留めるタイプの2種類ある。

夜の会合のときなどは、国会議員として行く場合はバッジをつけているし、そうではなくてあくまでもプライベート、気のおけない会合だったりするとバッジを外している。しかし、バッジをつけていてもまだ国会議員としてキャリアが浅く、知名度も低いと、お店の人に議員として認識してもらっていない場合もある。

福田《ふくだ》赳夫《たけお》元首相は首相在任中、衆議院本会議場にバッジなしで入ろうとして「待った」をかけられたことがあるという。前議員用のバッジもある。

「並び順」「呼び順」「座り順」

「並び順」は政治家にとって非常に重要なもの。自分の実力や序列、世間からどう見られているかを示すもので、似たようなものに「呼び順」「座り順」がある。自分が何番目に並ぶか、呼ばれるかによってプライドと自意識がびんびん刺激される。国会の本会議場。座席の座り順も当選したての一年生議員のときは最前列だ。そこから当選回数を経るにしたがって後ろに下がっていく。この少しずつ下がっていくのが、うれしくてたまらないらしい。

役所にとって、政治家を複数式典などに呼んでいるときの、こういった順番をどうするかは悩みの種である。当選回数、役所とのつきあいの濃さ、係累にお世話になっている人がいるかどうか……。絶対に間違えられない。順番一つで政治家の逆鱗《げきりん》にふれ、怒鳴り飛ばされる人もいる。怒鳴られるだけならまだいいが、人事などに影響を及ぼされたら……おおこわ。

これに限らず「順番」はとかく面倒くさい。たとえば、国会でエレベーターに乗るとき。ばったり誰か議員と会って、「どうぞ」と言われたからといって即乗りこんではいけない、とある議員に聞いた。必ずどうぞ、とこちらも言い返して、一往復してからが本当のやりとりなんだそうだ。そんなことをしているうちにエレベーターは閉まってしまいそうだが……。

「笑顔」と「怖い顔」

政治家という職業、笑顔は本当に大事である。有権者と接するとき、笑顔は必須だ。

昔むかし大昔、私が学生の頃にパーティーコンパニオンのバイトをしていたとき、チーフはいつも「みなさぁぁん、コンパニオンの仕事の命は笑顔ですっ！」と言っていたが、政治家もまた同じである。なにしろ有権者に自分を売りこまなければならないのだから、仏頂面《ぶっちょうづら》していたら遠ざけられてしまう。

この点において、やはりイケメンや美女は有利である。でも、たとえそうでなくても、ひとなつっこい笑顔が人気の人もたくさんいる。

小沢一郎《おざわいちろう》氏といえば強面《こわもて》、なんだか近づきがたいというか怖そうな顔だけれども、かつて私が国会内を歩いていたときに、車いすの養護学校の生徒さんたち（それもかなり重度の）が社会科見学をしていて、そこに小沢氏が通りかかったのを目にしたことがある。

生徒さんから記念写真を頼まれると、小沢氏は快くうなずいたのだが、そのときの笑顔ったら！

目尻がさがってしわがより、口角があがって、なんともかわいい、いい笑顔となったのである。まさに甘～い、とろけそうな笑顔であった。

あまりの豹変《ひょうへん》！　同じ人物と思えない！　くらい、ものすごく驚いたのを今でもよく覚えている。

この人、本当はシャイなだけで、怖い人ではないのかもしれない、と感じたのだった。というか、笑顔と怖い顔の落差があればあるほど、硬軟使い分けができるプロなのかもしれないと思ったのだった。

野中広務《のなかひろむ》氏も、１対１で接したりすると本当にかわいらしいおじいさんだったが、怖いときはもう近づくことも不可能、のような厳しいオーラを発していた。

にこにこ笑顔で近づいてこられて、いやな気分がする人はいないだろう。少なくとも、いかめしい顔で来られるよりも１００倍ましであろう。

みーんな「世襲」

自民党は世襲《せしゅう》議員ばかりである。朝日新聞によれば、２０１７年の総選挙で自民党は獲得議席の29％である83人が世襲だったという。実に3分の1である。希望の党は7人、立憲民主党は４人だったという。

この総選挙で出馬せず引退した著名な議員、高村正彦《こうむらまさひこ》氏は長男が、平沼赳夫《ひらぬまたけお》氏は次男が、保岡興治《やすおかおきはる》氏は長男が、金子一義《かねこかずよし》氏は長男が出馬、うち高村氏と金子氏の息子が当選した。

ほかにも大勲位《だいくんい》中曽根《なかそね》康弘《やすひろ》氏の孫が比例北関東で単独一位となって初当選を果たしている。

それどころか、今や自民党では総理大臣が世襲議員ばかりなのである。現首相である安倍晋三氏から遡《さかのぼ》ってみると、麻生太郎《あそうたろう》氏、福田康夫《ふくだやすお》氏、小泉純一郎氏、森喜朗《もりよしろう》氏、小渕恵三《おぶちけいぞう》氏、橋本龍太郎《はしもとりゅうたろう》氏、森氏の父は地方政治家であるが、それでも広義の世襲といえるだろう。つまり、みーんな、世襲なのである。

ポスト安倍と呼ばれる人々でみても、岸田文雄《きしだふみお》氏（父が衆議院議員）、石破茂《いしばしげる》氏（父が参議院議員、鳥取県知事）、野田聖子《のだせいこ》氏（祖父が衆議院議員）、小泉進次郎《こいずみしんじろう》氏（ご存じ、父が衆議院議員というか首相）とこれまたみーんな世襲なのだった。

最近、自民党では公募候補が増えているが、世襲議員にお墨付きを与えるために形式的に「公募」にする場合も多いという。

かつて私は、二世三世が政治を悪くしたと思っていた。地盤・看板・カバンを引き継いで、地を這《は》うような苦労もせず当選し、利権を引き継ぎ、ビジョンもなく家業としての政治家になる。後援会からすると世襲がいちばんおさまりがつきやすく、応援もしやすいのだ。

しかし、民主党政権が、二世三世でなければ政治がよくなるわけではないということを証明した。

久野《くの》統一郎《とういちろう》氏という政治家がいた。ごく普通のサラリーマン生活をしていたのだが、衆議院議員だった父親から頼まれて断り切れず、考えてもいなかった衆議院議員になる。しかし、政治家という仕事への違和感がいつでもつきまとい、10年で引退してしまう。

係累《けいるい》に継がせることはなかった。『政治家やめます。ある国会議員の十年間』という本にその体験が書かれている。

世襲議員のよさもある。帝王学ではないが、小さい頃から政治や選挙を見ていて体感でわかっている。苦労が少ない分、思い切ってものおじせず党内でものを言える。総じて育ちがよく、おおらかな感じがある。

父も祖父も首相というサラブレッド中のサラブレッド、福田《ふくだ》達夫《たつお》氏から聞いた話が忘れられない。本人は10年余の商社マンの経験があり、政治家になるにあたっては逡巡《しゅんじゅん》もあったようだが、抗することはできなかった。

トイレで麻生太郎氏と横になったときのこと。洗面所で手を洗った麻生氏。洗面台は当然水がはねる。普通なら、トイレットペーパーや手ふきペーパーでぬぐうか、あるいはそのまま出て行ってしまうか、だろう。

麻生氏はどうしたか。ハンカチを懐《ふところ》から取りだすと、それでていねいにぬぐって、ハンカチをポケットにおさめて出て行ったそうである。

だからなんだと言われるようなエピソードかもしれない。しかし、育ちのよさを感じさせる話である。それが総理の資質と関係しているかどうかは、わからないが。

「たたき上げ」の底力

政治家にもいろいろな出自《しゅつじ》の人がいる。といっても、前項でふれたように、特に自民党では最近二世三世、血族の後を継いだ人が非常に多くなっている。

そんな中で、政治家の秘書や地方議員などからステップを登っていった人々を「たたき上げ」と呼ぶ。今やすっかり少数派となった。

田中角栄《たなかかくえい》元首相はたたき上げの典型である。高等小学校しか出ておらず、土建業を起こし、政治の世界へと入った。首相まで登り詰めたその経歴を豊臣秀吉《とよとみひでよし》になぞらえて、「今太閤《いまたいこう》」あるいは「庶民宰相《しょみんさいしょう》」などと呼ばれたのである。

最近では、政治家の秘書から県議を経て自民党幹事長になった二階俊博《にかいとしひろ》氏などが該当する。

あれ？　何かと似ていないか？

そう、たたき上げは「党人派《とうじんは》」（73ページ参照）と重なる場合が多いのだ。エリートでもなく、毛並みもいいわけではなく、大げさに言うと「その他大勢」的存在の中から身を起こしただけあって、人情の機微《きび》に通じ、人の気持ちを思いやることにたけている。

政界を渡り歩いて実力をつけ、のし上がってきただけあって政局観にもすぐれている。誰が味方か敵かを見抜いて身をなしてきただけあって、人を見る目も鋭い。

半面、二世三世には育ちのよさを感じさせるおっとりした魅力がある人たちもいるが、こちらはややもすると権力志向で、身も蓋《ふた》もない言い方をすれば、時に下品なふるまいになることがある。

私はたたき上げの系譜の人々の話をあれこれ聞くのが好きだ。苦労人が多いから、たどってきた道や昔話も血が通っているというか、共感できるところが多いのだ。観察眼にもすぐれており、人物月旦《げったん》もおもしろいのである。

「虚像」のつくり方

政治とは、自らの「虚像」をつくっていく作業である。もちろん、等身大の魅力や飾りけのなさというのも人の魅力だ。しかし数を集め、権力闘争に勝ち抜いていく過程では、やはり自分の虚像をいかにつくっていくかがカギを握ると思う。

自分という商品をいかに魅力的にしていくかとも言い換えられるかもしれない。政治家とは俳優にも似ている。自分という存在をかたちづくり、演じていくのである。謎めいた存在かもしれないが、あまりに謎めきすぎると、今度は信用できなくなる。このバランスがむずかしい。

「あの人は役所の人事情報ならなんでも知っている」「公安情報ならなんでも知っている」「すごいお金持ちのスポンサーがいるらしい」「マスコミ各社の夜回りメモをすべて持っているらしい」「政策ブレーンが何十人もいるらしい」……。

そうやって畏《おそ》れられる存在になり、自分という存在をどんどんふくらませていく。しかしそれがあまりにバブルガムみたいに実態がともなわないままふくらんでいくと、ある日ぱちんとはじけるかもしれない。ウソつきの薄っぺらいやつだとばれてしまうのである。

虚像をつくっていく一方で実の自分も充実させ、精進しなければならない。両方備わってこそである。

思わせぶりにふるまい、情報を小出しにする。余計なことは言わない。すべて見せてしまうと人は興味が薄れる。隠しているからこそ、あれこれ想像させて、虚像はふくらんでいくのである。

そういう意味では、小池百合子《こいけゆりこ》氏は虚像とは言わないまでも、自分像づくりに非常にたけていると思う。かつて彼女の人間像をあれこれ周辺に取材したときに、人によって言うことがまったく違うことに驚いた。

「すごい料理好きの料理上手、よく手づくりの一品を持ってきてくれる」「家に遊びに行ったことがあるけれど、台所を使っているふうには見えなかった」？？？？

かつて彼女と何十年もつきあっている友人に彼女とはどういう人ですか、と聞いたことがある。答えは「本音《ほんね》のわからない人」。まさに言い得て妙だと思った。

都知事選や都議会選で大勝したときの彼女は、改革に向けて一人闘いつづけるジャンヌ・ダルクという像づくりに成功していたのだろう。

「オヤジ」というリーダー

政治家、あるいは派閥のボスをさして言う言葉。たとえば、議員事務所の秘書が「うちのオヤジが……」と言ったり、議員が自分の所属する派閥の親玉をさして「オヤジ」と言ったりする。親指を立てて、「コレが」と言うこともある。まさに政治とは一家でするものであり、家族なのだなと思わせる。番記者も事務所になじんで人間関係ができてくると、「今日はオヤジさん、いますか？」なんて言ったりしている。

しかし、女性の政治家に対して（数が少ないせいもあるが）、「オヤジ」と対《つい》になると思われる「お袋」と表現しているのはついぞ聞いたことがない。代わりに耳にしたことがあるのが「ヒメ」だ。女性の政治家はお姫様だったのだ！　姫と対になる言葉は「殿」だろうか。「トノ」も聞いたことがないわけではないが、ヒメよりもはるかに少ない気がする。

語感で言えば、オヤジは守ってくれる存在、率いていく存在、リーダーだ。これに対してヒメは、もちろん勇ましいお姫様もいるけれども、一般的に言ってリーダーではないだろう。守られる存在だし、美しくにっこり控えている場合が多いと思われる。こんなところにも、政治のマッチョさが表れているのではないだろうか。

「秘書」はバロメーター

国会議員に必要不可欠な存在である「秘書」。公費で政策秘書、第一秘書、第二秘書まで雇ってよく、そのほかに議員が自費で雇う私設秘書がいる。多いと地元と合わせて10人以上いる場合もある。

どんな秘書をいかに使いこなすかが、その政治家の命運を握ると言ってもよい。政治家の実力や人間性をはかるカギとして、秘書はいいバロメーターとなり、政治家の命運を左右する。

ちゃんとした番頭がついているかどうか、秘書が長続きしているかどうか。逆におかしな秘書だと、政治家生命が脅《おびや》かされかねない。

たとえば田中角栄元首相には早坂茂三《はやさかしげぞう》氏をはじめとして多くの腹心がいたし、金庫番は私生活のパートナーでもあった佐藤昭《さとうあき》氏だった。

加藤紘一《かとうこういち》氏は、金庫番で元事務所代表だった秘書が脱税容疑で逮捕されて自民党を離党、さらに自身の政治資金流用が明るみに出て、一度議員を辞職することになった。私もその頃、自民党担当をしていたが、元事務所代表は秘書だというのに、運転手付きの超高級車に乗っていて羽振りがよく、非常に有名だった。

衆参議員の議員会館事務所を訪ねると、日程担当と、政策担当の秘書がそれぞれいるのが標準である。これが年季《ねんき》を重ねてくると、若い運転手やそのほかにもさまざまな担当の秘書が増えてくる。

いつでも秘書にアテンドさせるのが好きな議員、逆にこちらのほうが少数だが一人を好むタイプもいる。後者の代表的な例がかつての小泉純一郎氏である。日程担当として姉、そして番頭として飯島勳氏《いいじまいさお》がいたが、出張などではいつも一人で行動していた。

ベテランの秘書になってくると、あちこちの政治家の事務所を渡り歩き、「秘書業」が身についている人もいる。業界団体や党の事務方、官僚などに顔が利《き》き、一種独特な雰囲気をまとう。

我々記者にとって、侮《あなど》ってはいけないのが女性秘書だ。日程を担当することが多く、会館の事務所に陣取っている。彼女たちの関門をまず突破しないと、政治家に会わせてもらえないことも多い。権力者である。

二世三世になってくると、先代の頃から勤務しており、永田町の春秋やお作法、マナー、ルール、各種人脈に通じた本人より偉い女性秘書もいる。私たちにとっては、誰か新しく政治家を担当して事務所に通うようになると、その事務所の中で権力関係がどうなっているかをまず探りだすのが非常に重要である。

事務所を誰が差配しているのか、本人にいちばん近いのは誰か。日程を探りだし、議員本人の代弁者となってもらい、政局の動向を聞く。

最初の頃は「こんにちは」と入っていっても、しーんとして気まずい空気が流れ、場がもたない。歓迎されておらず、冷たい雰囲気を感じる。これが通い詰めて事務所の秘書たちとの関係が練れてくると、議員本人がいなくても会館を回る間の休憩場所として使わせてもらい、一息いれてコーヒーとお菓子をごちそうになったり、荷物を置かせてもらったり……なんていうことができるようになってくる。

昭和の時代までは、大学を卒業してすぐ政治家の家に住み込み、朝から晩までアテンドしてあれこれ政治家の世話を焼く「書生」の秘書もよくいた。が、そもそも政治家が東京に自宅を持たず議員宿舎に住むのが通例となって、そんな書生もほとんどいなくなった。

「事前審査制」の党内手続き

法律はどこで決まるのでしょう？

国会。正解。ではあるけれど、半分くらいしか正解じゃない。国会の前に議論されている場があるのだ。

「『議員立法』の思い入れ」（１７９ページ参照）でふれるが、法律には二種類あって、閣法という内閣が発議するものと、議員立法といって、議員が発議するものとがある。二つとも法案がだいたい出来上がってくると、国会に提出する前に、まず与党の了承を得る。「『全会一致』の知恵」（17ページ参照）、「『政府・与党』の二元体制」（87ページ参照）でもふれたが、これが党内手続きだ。

自民党の党内手続きは法をつくりたい役人や議員にとって、とても大事だ。与党の場合、ここが実質的な法案の議論の場になる。国会で多数を占めるのが自民党はじめ与党だから、与党の賛成を得られれば国会で法律は成立する。与党の了承を得てしまえば、今の国会のように衆参共に与党が過半数を占める状況では、おおかた成立は固まったとみてよい。しかし１００％ではない（48ページ「『国会対応』の極意」参照）。

2017年春にあった自民党内手続きで、受動喫煙対策をめぐる議論があった。厚生労働部会で自民党の大西英男《おおにしひでお》衆議院議員が、がん患者に配慮した受動喫煙対策を求めた三原《みはら》じゅん子参議院議員に、「(がん患者は)働かなくていい」とやじを飛ばしたのが報じられたのを覚えている人も多いだろう。

こんなふうに自民党内には喫煙派の議員も多くて、室内全面禁煙を盛りこんだ厚生労働省の法案をめぐって、大激論となった。結局、国会の会期末までに議論はまとまらず、与党の了承が得られなかったので法案を国会に提出できなかった。

あれ？　もし、与党の議論が国会に法案が提出される前にあると、国会の議論が形骸化《けいがいか》するのでは？

その通りである。少なくとも与党に関しては。さらに、問題は国会の議論は広く国民に開かれていて、傍聴しようと思えばできるし、最近ではネット中継もあるし、議事録も公開されている。

しかし、『政府・与党』の二元体制」でもふれたが、党内手続きはそうではない。国民から見えないところでおこなわれているから、どんな議論がなされているのかメディアを通じてしか知ることができない。ブラックボックス……とは言わないまでも、国民からすれば非常にわかりにくいし、政治を遠く、手の届かないものに感じさせている大きな原因の一つだと思われる。

「『全会一致』の知恵」でもふれたが、「事前審査制」は1962年にできた慣行だという。これにより、「政府・与党」の党の力がぐーんとアップした。そして党と業界や官僚との関係が深まり、「鉄の三角形」（81ページ参照）が強くなっていくのであった。

官邸主導をめざした小泉純一郎元首相は2002年、党総裁の直属機関に事前審査制の原則廃止原案をまとめさせたが、党が猛反発して結局最終案からは消えた（78ページ「『政と官』のあり方」参照）。

第二次安倍政権では「事前審査制」はそのままではあるものの、官邸一強の状態となっている。

「松下政経塾」の卒業生

「松下政経塾」は、パナソニック（旧松下電器産業）の創業者、松下幸之助《まつしたこうのすけ》氏が政界をはじめとする各界の指導者養成のために70億円の私財を投じて１９７９年に設立した。在籍期間は4年で、前半2年は寮生活で寝食を共にしながら歴史観や国家観を養いながら政策研究をおこない、後半2年は塾生各自が現場で研修をするのだという。

政治分野で活動する卒業生は、２０１７年7月現在、国会議員34名、地方議員22名、首長が8名いるという。野田佳彦《のだよしひこ》元首相は第1期生だ。ほかにも国会議員では逢沢一郎《あいさわいちろう》氏（1期）、高市早苗《たかいちさなえ》氏（5期）、玄葉光一郎《げんばこういちろう》氏（8期）、前原誠司《まえはらせいじ》氏（8期）、小野寺五典《おのでらいつのり》氏（11期）、福山哲郎《ふくやまてつろう》氏（11期）などがいる。首長では村井嘉浩《むらいよしひろ》宮城県知事（13期）、鈴木康友《すずきやすとも》浜松市長（1期）らが名を連ねる。

確かに、政治の世界で確かな存在感を示している。世襲でも官僚でもなく、地盤・看板・カバンを持たない若い人たちの政界進出の足がかりとなっているのは事実だ。松下政経塾を出たこと自体がキャリアとなり、若い人が政界入りの機会を得て政界に多様性を生みだしてもいる。

が、しかし……ネガティブな評価も相当、聞こえる。

一概に論じられないし、感覚的だし、誤解を招くことも承知で代表的な声を紹介すると。「政策オタク」「論ばっかりで行動がともなわない」「自己陶酔型」「責任をとらない」「人情の機微がわからない」……。

なぜなのだろう。一つには、企業勤めなど社会人経験を経ずに松下政経塾から政治の世界に一直線に飛びこんだ人たちが目立ち、議論は塾で鍛えられているだけあって上手だが、現実社会、政治の世界でものごとをしぶとく、したたかに実現させていくのは不得手だから、ということだろうか。

特に松下政経塾が創設間もない頃に出た人たちは、これまでの政界にない新鮮さ、若さと清新さがあり、それが魅力だった。裏返せば、社会性や人間力を十分に身につけないままで、プロの政治家になってしまったと言ったら言いすぎだろうか。

ただこれだけ批判されるのも、存在感があって一定の勢力があり、無視できない人たちだからだともいえる。

「会派」結成の意味合い

２０１７年の総選挙では、公示直前になって野党第一党の民進党が解党し、所属していた衆議院議員は希望の党、立憲民主党、そして無所属の３つに分かれて選挙戦をたたかった。このため、当選してからの国会活動で「会派」という言葉がよく登場することになった。

会派とは、国会での議員の活動や交渉の窓口となるグループ。多くの場合、会派は政党を中心に結成されて、会派の名前には政党名がつけられることが多い。たとえば衆議院では自民党の会派は「自民党」だし、公明党は「公明党」、立憲民主党は「立憲民主党・市民クラブ」といったふうである。民進党出身者で無所属でたたかい、当選した人たちは「無所属の会」という会派を結成した。

会派には所属議員一人あたり月65万円の立法事務費が支払われる。会派には国会の控え室や移動用の車もわりあてられ、所属する議員の人数の大きさで大小が決まる。

政党を越えて統一会派を組む場合もあり、たとえば参議院では、自民党は日本のこころと一緒に「自民党・こころ」を、自由党と社民党が一緒に「希望の会」をつくっている。

「女性議員」は均等に

いつまでたっても政治分野での女性進出がすすまない。

２０１７年の総選挙を経て、衆議院議員の女性比率は10・１％。２０１４年の選挙に比べて女性の当選者は増えたが、二人だけだ。

超党派の「女性議員」を中心に、政治分野で男女の候補者ができる限り均等になることを促す法案を２０１７年の国会に提出したが、解散で廃案になり、２０１８年の国会でようやく成立しそうだ。そもそもこの法案ですら、最初は「同数になることをめざす」という文言だったが、自民党内で異論が噴出し、「均等」という表現になった（41ページに書いた「霞《かすみ》が関《せき》文学」のようだ）。強制力を持たず、政党に努力を求めるにすぎないのだが。

なぜ、すすまないのか。

なんだかんだ言って、候補者を決める政党幹部には、女性が政治に進出してくるのを好まない傾向がある、としか思えない。「女にはできない」と思っているのである。なぜ、できないのか。それは、できないような政治のあり方だからである。

私たちが候補者を選ぶときに、何を基準にしているか。政策や、この人にまかせられる、という候補者の人柄であろう。そのときに、飲み会で杯《さかずき》をかわしたり、つきあいがよかったり、という点で選んでいないだろうか。もちろん政治家と接し、言葉を交わすのはとても大事なことだ。けれども、それが夜のつきあいに偏《かたよ》っていないか。言ってみれば政治を取り巻く環境、政治の土壌そのものの問題である。これでは育児と両立するのはむずかしいし、セクハラの温床《おんしょう》にもなりかねない。

政治家同士のつきあいもある。政治は夜決まると言われ、夜のインフォーマルな会合でものごとが話し合われて決まり、権力闘争が動く。料亭政治などその典型だろう。今では料亭でものごとが決まることが少なくなったとはいえ、その名残《なごり》はまだある。胸襟《きょうきん》を開いたつきあいは大事だ。けれども、超少数派の女性がそういう夜の会合に入りづらいということだって当然ある。

女性が少ないのは国政だけではない。地方だってそうだ。「市川房枝《いちかわふさえ》記念会　女性と政治センター」の調べでは、２０１５年の統一地方選後の女性議員の割合は12・1％。女性が議会に誰もいない「女性ゼロ議会」は、都道府県議会ではさすがにないものの、市区議会で6・2％、町村議会で34・3％にのぼる。

どうしたら増えるのか。このまま自然増を待っていても、道は遠すぎるように思う。こうなったら、最初は強制的にでも無理やり増やすしかないのではないか。候補者や議席の一定割合を女性に割り当てるクオータ制である。

採用している国は、政党の内規や法定などいろいろなバリエーションはあれど、１２０ヵ国以上にのぼる。イギリス、フランス、韓国などもそうだ。

しかし、自民党は反対するだろうなあ。強制力のない法案だってあれだけの文句が出たのだから、クオータ制など論外という空気である。選択的夫婦別姓だって、すっかり政治の表舞台から遠ざかってしまった。

安倍首相は女性の活躍を掲げているが、足もとの政治の状況はいつまでたっても変わらないし、変えようという努力も見られない。

「パーティー」の全容

パーティーは政治家が資金を集めたり、自分や仲間の勢力を誇示したり、結束を強めたりするためにおこなうもの。個人でおこなう場合もあるし、派閥でおこなうこともある。「○○君を励ます会」とか「宏池会《こうちかい》（池田勇人《いけだはやと》氏を中心に結成された保守本流の派閥。現在は岸田文雄氏が会長）と語る会」みたいなタイトルがつくのが典型だ。都心のホテルで開く場合もあれば、地元選挙区もある。派閥のパーティーだったりすると、後援会がバスを仕立てて続々とホテルにやってくる、なんていう光景も見られる。

政治資金規正法で規定されているが、会費は2万円が相場。総じて野党系のほうが安いように見受けられる。

司会は後輩か、本人が若手の場合は同期の政治家がすることが多い。彼らにとって司会は、人前でしゃべることに慣れるためのよいトレーニングの場になるのだ。

立食形式で、最初に来賓《らいひん》や主催者の挨拶があって、乾杯。何も食べずに、ここでぞろぞろと帰って行く人たちも多い。一時間もすれば中締めだ。やってくるのは、支持者に業界団体、つきあいのある会社の人々、省庁の幹部など。ここでの党や政府の幹部などの発言がニュースになることも多いので、記者もやってくる。

たとえば、２０１７年４月、東日本大震災について「これは、まだ東北で、あっちのほうだったからよかった。もっと首都圏に近かったりすると、莫大《ばくだい》な甚大《じんだい》な被害があったと思う」と発言して復興大臣を辞任した今村雅弘《いまむらまさひろ》氏の発言は、二階《にかい》派のパーティーでのことだった。

ベテラン政治家になってくると、一晩で３０００万〜４０００万円集める人もいる。年数回開けば1億円に届く。結構な収入である。

もっとも、中には主義としてパーティーをしない政治家もいる。その一人が立憲民主党の長妻昭《ながつまあきら》氏だ。長妻氏は企業団体献金に反対し、一切受け取っていないのでパーティーも開かない。パーティー券を企業や団体に買ってもらうことが多いからだ。民主党政権で厚生労働大臣に就任したとき、ある人に「今なら企業から2億円は集まりますよ」と言われたのだという。

自民党でもきわめて少数派だが、パーティーをしない議員はいる。農林水産大臣や国会対策委員長などを務めている森山裕《もりやまひろし》氏だ。東京選出で雑誌記者から政界に転じた長妻氏とは対照的に、鹿児島選出で夜間高校を出て、市議からたたき上げた。

なぜパーティーをしないのか。「私は貧しく育ってきて、小さな商売もしてきましたからね。パーティーを一度やり出すとやらなくてはいられなくなる気がして。商売で1万円もうけるのは大ごとですよ。パーティー券を売るほうも買うほうもたいへんです。買うほうは本当はうんざりしていると思うんですよ」

農水相時代に祝賀会やパーティー開催の要請もあったが、すべて断ったという。

私は大昔にパーティーコンパニオンをしていたので、パーティー取材に行くと、どうしても出されている飲み物や食べ物に目が行ってしまう。

職人さん付きのお寿司の屋台やローストビーフは出ているか（この二つがあれば、パーティーはまあそれなりのレベルといえる）、飲み物はビールにウーロン茶、オレンジジュースにワイン、水割りは普通だけれど、カンパリやジントニックなどの簡単なカクテルまであればさらにゴージャス、とか、ついついそちらのチェックに気が引かれてしまうのであった。

「金帰月来」の週末

「金帰《きんき》月来《げつらい》」とは、国会議員が週末をはさんで地元と国会を往復すること。「金帰火来」ともいう。

政治家は選挙区のある地元と、国会のある東京の両方が仕事場だ。そもそも当選しなければ始まらないから、選挙区にまめに帰って、冠婚葬祭や行事に顔を出して挨拶したり、自分の集会を開いて支持者を集めたりする。

一方、国会議員の仕事は法律をつくることだから、国会に出席して委員会や本会議で法案の審議や採決をすることももちろん大切である。これが非常に慌《あわ》ただしい生活となる大きな要因だ。

衆議院本会議の定例日は、火木金の午後1時から、参議院の本会議の定例日は月水金の午前10時からだが、これはあくまでも原則で開かれないこともあるし、臨時に別の日、別の時間帯に開かれることもある。

委員会の開催も原則として火曜から金曜に集中しているが、ある特定の法案のためにもうけられた委員会（最近では集団的自衛権を容認するための安全保障関連法案の委員会など）は、連日開催することもある。

閣議が開かれるのも火金の午前だし、政党の各種会議も月の朝や金の午後以降は開かれないことが多い。金曜の夕方に議員会館に行くと、少しリラックスしたムードが流れ、他の日よりも明らかに喧噪度《けんそうど》が低い。

交通網の発達した今では、かなり遠くの選挙区でも日帰りができるし、それどころか京都や大阪あたりであれば、二往復することも可能だ。

かつて衆議院議員だった鈴木《すずき》宗男《むねお》氏は根室《ねむろ》市や釧路《くしろ》市などが選挙区だった。東京からは飛行機や車を乗り継がなければならず、かなり遠かった。鈴木氏は非常にフットワークが軽く、氏を評して古賀誠氏が「さっきまでここにいたと思ったらもういない」と笑っていたものである。

大臣になると、週末に公務や、他の議員や立候補予定者の応援も増えて金帰月来がなかなかできなくなる。しかし、地元にとってはそれが誇りだったりもする。

「うちの先生がいない分、地元をしっかり守らないと」と逆に組織が発奮し、引き締まることもあるのだ。人気の大臣ともなると、選挙期間中ですら一度も地元に入れない、ということもあったりする。

「閨閥結婚」と「妻・夫」

政治家にとってかつて結婚は権力闘争の一つと位置づけられていたかもしれない。有力支援者やボス政治家と姻戚関係となり、ますますのパワーアップが可能になるからである。たとえば、典型的なのが小沢一郎氏である。新潟県の建設会社福田組の社長で、小沢氏の「政界での父」だった田中角栄元首相の後ろ盾《だて》だった福田正《ふくだただし》氏の長女が小沢氏のかつての妻・和子さんで、その妹は竹下亘《たけしたわたる》衆議院議員（登《のぼる》氏の弟）の妻である。

さらに、竹下登氏の長女は、かつて自民党のドンといわれたが、最後は脱税容疑で逮捕された金丸信《かねまるしん》氏の長男と結婚している。つまり、小沢氏、竹下氏、金丸氏は結婚を通じて親戚関係となっていたのである。

また、麻生太郎氏も母方の祖父が吉田茂《よしだしげる》という毛並みのよさだが、妻は鈴木善幸《すずきぜんこう》元首相の三女である。

このような結婚は徐々に減ってきたようである。今やすっかり自民党の一言居士《いちげんこじ》となった村上誠一郎《むらかみせいいちろう》氏の妹は民進党の岡田克也《おかだかつや》元代表の妻だが、これはもともと村上氏と岡田氏が大学時代の友人だったことからの縁《えん》という。

こんなふうに、もともとつきあっていたり、政治家になる前に結婚していたり、政略がらみとはまったく関係ない結婚が今では多数をしめているようだ。

同じ結婚といえども、男性政治家における「妻」と女性政治家の「夫」はまるで違う。妻の場合は、与野党問わず「政治家の妻業」というような役割を担《にな》わされることが多い。忙しい夫に代わって地元を回り、冠婚葬祭に出て挨拶をする。妻子は、地元に拠点を置いている場合も多い。まさか政治家の妻になるとは思わなかった、人前に出るのが苦手なのに……という不満を聞いたこともあれば、夫よりも張り切って地元を回っている妻もいる。

これは妻が何か別に職業を持っていたらむずかしく、専業主婦が前提となっている。もちろん例外もいて、塩崎恭久《しおざきやすひさ》衆議院議員の妻は地元大学の学長で妻業もこなし、人気者だという。とはいえ、珍しいケースだろう。

女性政治家の場合は、「女性政治家の『恋愛』」（169ページ参照）でもふれるように、独身で議員になってしまうと、結婚自体がむずかしい。国会議員というかなり特殊な職業の女性と結婚する男性は、今の日本ではまあ普通に考えても少数派であろう。

猛烈に忙しくて、かつ地元の有名人で、ダイコン一本買うのも見られていて私生活がなくなってしまう。何人ものシングル女性議員からの嘆きを聞いたことがある。

もともと結婚している女性議員の場合でも、「政治家の夫業」を「妻業」並みにこなしている例は聞いたことがない。夫が仕事を持っているから、時間的にも不可能なのだ。

では、事情を理解している同僚議員だとどうか、といえば、これもまたむずかしいらしい。かつて野田聖子《のだせいこ》氏は鶴保庸介《つるほようすけ》氏と２００１年に結婚（事実婚）したが5年で破局し、最近では高市早苗氏が山本拓《やまもとたく》氏と２００４年に結婚したものの、13年の時を経て離婚した。

野田氏の場合は、妻のほうが夫よりも政治的序列が上だということがうまくいかなくなった原因の一つのようだ。野田氏はその後、政治家ではない自営業の男性と結婚し、長男も産んだ。夫が主に家事や育児を担っている。

「料亭」政治

金龍《きんりゅう》、川崎、千代新、口悦《こうえつ》、満《ま》ん賀《が》ん……かつて赤坂界隈《かいわい》にあった料亭の数々である。政治家が愛用して、そして今はもうない。

「政治は夜動く」という。権力闘争、数は力。政治家は夜な夜な集まっては情報交換をし、自らの勢力拡大に努めたものだ。ほかの客と顔を合わせる心配がなく、密談ができる料亭は政治家向きだった。「次の間」に秘書や思わぬゲストが控えていることもあった。

もちろん、非常に高価である。お料理、酒代はもちろんのこと、女将《おかみ》や仲居さんへの心付け、芸者を呼べば花代もかかるし、歌を歌いたいと思えばカラオケなんて無粋《ぶすい》だから生のギター弾きが呼ばれる。招く側は客におみやげを用意し、招かれる側もお持たせを持参するのが通例だ。

不景気、政治資金の透明化などで料亭もめっきり減った。政治家が会合に利用する場所ももっとリーズナブルな割烹《かっぽう》や、明朗会計のホテルの個室が増えた。

私が現場の記者として自民党を担当した頃は、古きよき自民党の名残がまだあった頃で、ずらっと黒塗りの車が並んだ赤坂の料亭の前で、ずいぶんと張り番をしたものだ。

会合がはけた後に、何度か中に入れてもらったこともある。だだっ広い畳敷きの間《ま》で、政治家が生ギター演奏で歌を歌うのを聴《き》いたこともあった。銀座にも有名な料亭はあるけれども、赤坂の料亭街のほうがなんだかひっそり秘密めいた風情《ふぜい》があった。

その後、野党時代の民主党を担当したが、料亭の前での張り番はほとんどなかった。

料亭の女将や若女将と政治家との艶《つや》っぽい話も耳にしたことがある。

ある有名料亭の女将と、若き日の有力政治家（現職）が恋仲だった。もちろん結婚などはゆるされるべくもなく、その政治家は有力支援者の娘と結婚することになった。

華々《はなばな》しい結婚式がおこなわれたその当日に、その政治家は料亭を訪れた。そして、一晩中（いわゆる初夜です）、夜が明けるまで同僚の政治家（故人）と麻雀を打ちつづけた。その同僚政治家は「帰りなよ」としきりにすすめたが、女将が決して男を離そうとせず、本人も帰ろうとしなかった……。

料亭政治はいろいろな意味で、滅びゆく政治文化なのだろう。

「お国入り」の作法

「お国入り」を辞書で引くと、第二義に「有名人などが自分の故郷に帰ること」（デジタル大辞泉）とある。政治の世界では、独特の意味を持つ。それは、大臣となった政治家が大臣就任後、初めて地元に帰ることだ。故郷に錦《にしき》を飾る、という意味を持つ。

２０１７年８月15日の毎日新聞岩手版の記事を引用しよう。「鈴木・五輪担当相：山田町民が歓迎　初のお国入り」と見出しにある。

鈴木俊一《すずきしゅんいち》五輪担当相（64）が14日、地元の山田町役場を訪れた。大臣就任後、初のお国入りで、役場玄関前で１００人を超す町民から歓迎を受けた。

鈴木氏は午前8時半、役場前にある自宅から妻敦子さん（63）と歩いて到着。町民らが小旗を振って出迎える中、佐藤信逸《さとうしんいつ》町長らから花束を受け取った。佐藤町長は「被災地の勇気になります」と歓迎。鈴木氏も「五輪を成功させることで復興を加速させたい」と応じた。

終始笑みを浮かべ、握手を交わす姿に同町船越の浜登剛さん（76）は「人柄がいいので大臣になったのでしょう。町民の誇り」と感激した様子だった。

鈴木氏はこの後、近くの高台に眠る父の善幸《ぜんこう》元首相の墓参りをした。「環境大臣になった時は大変喜んでくれた。大臣就任を報告し、仕事がうまくいきますようにとお祈りしました」と感慨深げに話した。善幸元首相は今も「漁民宰相」と親しまれている。

町民＝地元民が小旗を振ってのお出迎え、まさに晴れ舞台だ。「呼び込み」（58ページ参照）が中央での大臣となった名誉と喜びをかみしめる場だとすれば、お国入りは地元で支持者たちと喜びをわかちあう場なのである。

お盆という時期もあっただろうが、先代のお墓にお参りして報告、これまた大事な作法である。

これが都市部選出の議員であれば、こうはいかない。きちんとお作法に則《のっと》ったお国入りは少ないとみられる。地方の保守政治家ならではといえるかもしれない。日本の政治の原風景の一つといえよう。

「議員会館」の住人たち

国会議事堂のお向かいに建つ議員会館には、国会議員に割り当てられた事務所が入っている。衆議院に二棟、参議院に一棟ある。会館内には事務所だけでなく、コンビニやカフェ、食堂や土産物店、ＡＴＭに理髪店、歯科医院、マッサージ室にジムもあり、まさに日常生活がここですべて事足りるほどに充実している。

ジムには岸田文雄氏やかつての高村正彦氏など、定期的に通っている議員も多く、私もある議員のエクササイズにつきあって、一緒に行ったこともある（私は運動しなかった）。

会館は三代目で、現在の建物は２０１０年に使用が開始された。それぞれの部屋のつくりは、入ると秘書などが執務する部屋と7～8人で使えるような会議室形式の応接室、それからソファもある議員の執務室の３つのスペースに分かれている。

事務所の場所は、意外なご近所づきあいもある。たとえば、以前の議員会館では安倍晋三氏と前原誠司氏が隣同士だった。前原氏は安倍首相への国会質問で「当選同期で、昔の議員会館は隣同士」と距離の近さを強調したこともある。

今の会館が使用開始されるときには、各会派に部屋が割り振られて、その中で会派が部屋を決めたため、その配置が非常に興味深かった。当時、民主党は政権交代を果たしたばかりで、小沢一郎氏が幹事長として権力を一身に集めていた。部屋の配置を見ただけで、小沢流の一端が見て取れた。

「『チルドレン』『ガールズ』の量産」（１０８ページ参照）でもふれたが、小沢氏の部屋は、旧議員会館と変わらない第一会館の６０５号室。両隣はこれも旧会館と同じように、助さん格さんではないが、側近の山岡賢次《やまおかけんじ》氏と樋高剛《ひだかたけし》氏が入った。現在は二人とも議員ではなく、他の議員の部屋となっている。

この第一会館の６階には「小沢ガールズ」と呼ばれた女性たちが多く入り、まるで「小沢ガールズストリート」だった。現在ではガールズの大半が永田町を去り、唯一小宮山泰子《こみやまやすこ》氏だけが以前と同じ場所にいる。

対照的に、第一会館の８階には小沢氏に批判的な議員が集められた。前原誠司氏、枝野《えだの》幸《ゆき》男《お》氏、野田佳彦氏、玄葉光一郎氏らで、反小沢氏の「七奉行」と呼ばれる議員だった。

この頃、小沢氏の土地取引が問題となっていたが、「小沢氏は議員辞職すべきだ」と公言していた村越祐民《むらこしひろたみ》衆議院議員（当時）は、もともと第一議員会館３階だったが、本会議場に行くには最も距離のある第二議員会館の最上階隅の部屋になった。「小沢氏を批判したから飛ばされたのでは」という（２０１０年2月4日付朝日新聞）。

議員会館から国会までは、1階の正面出口を出て道路を渡るか、地下まで降りて通路を歩いていくかの二通りある。お向かいとはいえ、歩いて3～4分ほどはかかる。この3～4分というのが意外にバカにならず、忙しい議員を取材するときにはここで一緒に歩いて話を聞くこともあった。

せっかく一緒に歩けたのに、エレベーターで（エレベーターは議員専用と一般ピープル用に分かれており、議員と一緒のときだけ議員用に乗ることができる）他の議員と一緒になってしまって、議員同士でおしゃべりを始めてしまってがっくり……なんていうこともよくあった。

女性政治家の「恋愛」

古今東西、「政治と恋愛」は密接な関係にある。政治家はエネルギッシュで魅力的な生き物であるから、もてるし、異性関係もさかんな人が多いからだ。たとえば、有名なところでは田中角栄元首相がいる。家庭のほかに神楽坂《かぐらざか》の芸妓との間に三人の子をもうけ、金庫番だった佐藤昭氏との間にも娘がいた。

ただ、最近特筆すべきことは、男性政治家ではなくて女性政治家と恋愛、が取りざたされるようになったことだ。たとえば２０１７年に民進党（当時）の山尾志桜里《やまおしおり》氏の「不倫」が大騒動となり、おそらくその後の衆議院解散の引き金となった。

「『閨閥結婚』と『妻・夫』」（１５９ページ参照）でもふれたように、女性政治家が独身時代に議員になってしまうと、結婚するのがむずかしいとはよく言われるところだ。男性が引いてしまうからだ。普通に考えたって、女性国会議員と結婚するのはかなり勇気がいるだろう。猛烈に忙しいし、私生活も切り売りしなければいけない場面も出てくるし、「政治家の夫」の役割を期待される場面もあるだろうから。

そこで議員同士が結婚する例も最近では散見されるが、これまたむずかしい問題もある。

同じ立場になってしまうと、人事や登用などでお互いが気になったり、まわりから比べられたりもするからだ。そのせいかどうか、夫よりも妻のほうが有名で大臣経験も豊富だった野田聖子氏と鶴保庸介氏、高市早苗氏と山本拓氏はどちらも破局に至っている。

立憲民主党の西村智奈美《にしむらちなみ》氏と本多平直《ほんだひらなお》氏は、妻が国会議員、夫が落選中に結婚している。もともとは二人とも民主党の衆議院議員で議員会館の事務所の部屋が隣だったときに知り合ったのだが、その後の選挙で本多氏が落選したのだ。今、西村氏は当選5回で、副大臣の経験があり、一方、本多氏は当選3回、政務官の経験がある。

本多氏に、妻に政治家として嫉妬《しっと》することはないですか？　と聞いてみた。

「嫉妬って、人間のいちばんいやな感情ですからね。この世界、同期の政治家とかで、なんであいつが、とかっていうのはもちろんありますよ。でも僕の場合、落選中に結婚しているわけだから。当選落選は選挙区事情もあるしね。そういう意味ではないですね」

でも一回だけ、そういったことでけんかをしてしまったことがあるという。

「夫婦げんかって両方悪いしね。向こうも悪気なく言ったことにこちらが反応してしまって。今はもちろん反省していますよ」

これから政治の世界に女性が増えればますます政治と恋愛で女性が主役になることも多いだろう。男も女も、というのが当たり前、といえば当たり前なのだが。

「リベラル」と「保守」

「リベラル」は、２０１７年に民進党が分裂、再編する中で、政党や政治家の立ち位置、思想的立場を示すためによく使われた言葉。日本では独特の意味で用いられている。立憲民主党に集まった人々は、民進党内の「リベラル系」の人々とされた。

政治思想史や政治哲学を専門とする宇野重規《うのしげき》・東大教授の説明がわかりやすいので引用しよう（WEBRONZA「あいまいな日本のリベラル」より）。

「『リベラル』とは本来、『個人の自由・多様性・寛容』を指し示す立場である、と言っていいだろう（中略）。19世紀、この言葉は、個人の自由を最大限に尊重するために、政府の権力を限定する思想を意味するようになる。政府の権力が肥大化すれば、個人の自由や権利を侵害する。それを避けるためには、政府の権限を厳しく制限すべきである、という主張が『リベラリズム』と呼ばれたのである。これに対し、20世紀になると、『リベラル』はむしろ『大きな政府』を支持する立場を意味するようになる。社会において、大企業などの組織の前に個人や労働者の立場は弱くなるばかりである。そうした個人の自由を実現するためには、政府がむしろ積極的な役割を果たすべきである。このような思いから、労働者の権利保護や社会保障を含め、福祉国家の役割を重視する立場を『リベラリズム』というようになった。要するに、政府の役割に関して正反対の思想が、ともに『リベラリズム』と呼ばれるに至ったわけである」

なるほど、もともとのリベラルとリベラリズムで、政府に期待する役割としてまったく逆の機能をさしていることが、わかりにくさを加速させているわけだ。そして現代アメリカ的な使い方では、「20世紀的な福祉国家による再配分を肯定する立場を狭い意味での『リベラル』」というのだという。

一方、日本ではどのように使われているかというと、「具体的に言えば、『革新』という言葉に含まれてきた、日本国憲法やその下での戦後民主主義を擁護するという立場を継承しつつ、そこから社会主義的な色彩を払拭したうえで、西欧的な『リベラル』の持つ個人主義的な要素を導入しようとしたのが、日本的な『リベラル』の用法であると言えるだろう」。

確かに、立憲民主党の枝野幸男代表は「多様性」を掲げ、所得の再分配を重視し、かつ専守防衛で集団的自衛権の行使に反対、改憲にも慎重だ。

一方、自民党も英語にすれば「Liberal Democratic Party of Japan」であり、宏池会（現岸田派）はリベラルを掲げている。ここでの意味は「多様性を大事にして、憲法改正には比較的慎重」くらいのところだ。

岸田氏は２０１７年11月の特別国会で代表質問に立ったとき、宏池会の創設者である池田勇人元首相が政治姿勢として「寛容と忍耐」を掲げたことを述べている。なんだか立憲民主党の主張に似ているが、枝野氏は自らを宏池会的だと称している。

リベラルの対立概念として「保守」が用いられることも多いが、これも多くの識者が指摘するように、現代日本においてはこの二つの概念は対立するものではなさそうだ。

深入りはしないが、保守であるはずの安倍政権は改革を次々に打ちだしている。そして、希望の党は「寛容な改革保守政党」をめざす、とした。相矛盾《むじゅん》するようにも思える「寛容」「改革」「保守」が並び立ってわかりにくいが、代表だった小池百合子氏は「排除」を言って失速した。

保守もリベラルも自分たちの解釈で都合よく使っているようにしか思えなくもない。多様性や寛容は保守とリベラル両方に共通の概念のようだ。ごくごく大まかに言うと、日本のリベラルは改憲に否定的、保守は肯定的……といっても宏池会はそうでもないし……うーん、むずかしい。

「労組議員」のしがらみ

「労働組合は労働者が団結して、賃金や労働時間などの労働条件の改善を図るためにつくる団体です。労働者が団結し、使用者と団体交渉を行い、ストライキ等の団体行動をする権利は、憲法第二十八条で保障された基本的な権利です」（厚生労働省ホームページより）

政治的には、「労組」は強力な野党の支援団体でもある。財界や業界が与党を支援するのに対抗して、労組は野党を支援する。労組が集まった中央組織である日本労働組合総連合会（連合）はかつて旧社会党や社民党、そして旧民主党や民進党の支持母体だった。その構造は、自民党を支持する業界団体に似ている。たとえば、比例区の議員を見れば一目瞭然だ（128ページ「『族議員』の面目躍如」参照）。

共産党を支援する労組ももちろんある。選挙ともなれば、連合は推薦候補の陣営に入りこみ、実質的に選挙活動の母体となることも多い。

といっても労組の組織率は年々低下しており、厚労省によると、2017年6月現在での推定組織率は17・1％と過去最低である。これでは労働者の声を代表するとは言えない。

そして、連合は安倍政権になってから官邸への接近が目立つ。たとえば2017年、残業代ゼロ法案として批判してきた「高度プロフェッショナル制度」を導入する労働基準法の改正案について、水面下で執行部の一部が政府と交渉をすすめ、神津里季生《こうづりきお》会長が官邸に法案修正の申し入れをおこなって合意しようとした。これに対して、組織内からも批判の嵐が吹き荒れ、結局連合は合意を取りやめた。

労組だってもちろんしがらみはある。たとえば、原発政策。電力系の労組は会社の主張と同じく、原発は推進派である。よって、電力系労組に支援を受ける議員は、原発は推進との立場をとることが多い。だから２０１７年に民進党の当時の蓮舫《れんほう》代表が、旧民主党時代に策定した２０３０年代に原発稼働ゼロをめざす、との基本方針を「２０３０年」に前倒ししようとしたものの、連合や電力系労組の支援を受ける議員たちの猛反発で断念している。

２０１７年の総選挙では支援先の民進党が解体したため、連合も候補者本位での支援をおこなった。野党がいまだカオス状態にある中、連合にとって今後の政治との距離、支援先をどうするかが大きな問題である。

組織率は低下しているものの、野党の議員にとってはなんだかんだ言っても頼れる組織、あてになる票ではある。しかし、あまりにオールドファッションであることも事実である。労組そのものは、働く人たちにとって大切な組織であるが……今後の行く末、政治とのかかわりはどうなっていくのかわからない。

「派閥」支配

「派閥」は自民党内で、政策が似たような主張だったり、利害を共にする人たちがつくる集団のこと。通常は派閥のリーダーが総裁候補となる。

かつての中選挙区制のときは、同じ選挙区に自民党内から複数の候補が出ていたため、派閥ごとの競争が厳しく、したがって派閥のリーダーの力も強かった。小選挙区制になってから一つの選挙区に一つの党からは一人しか候補が公認されないため、党の力が強まって党営選挙の色彩が強くなり、派閥の力は弱まった（101ページ「『小選挙区制』と魔の二回生」参照）。

派閥は、かつては人事の窓口だった。組閣ともなれば各派閥は登用してもらいたい人物のリストを提出したものだった。官邸が閣僚人事を決めた小泉純一郎内閣でも、副大臣の人事などは派閥の意向に従った。しかし、現在は官邸主導で決めている。

派閥のカラーも、だから昔のほうがはっきりしていた。今の総裁派閥である細田派＝清和《せいわ》会《かい》は自主憲法制定を重視した岸信介《きしのぶすけ》氏の流れをくみ、理念重視で「タカ派」と呼ばれた。一方、今の岸田派である宏池会は池田勇人氏が創設し、経済成長重視、官僚出身者が多く、護憲派で「ハト派」、公家集団とも呼ばれた（ついでに言えば、まったくの私見だが、朝日新聞とも親和性が高いように思えた）。

融通無碍《ゆうずうむげ》でかつての最大派閥、首相や幹事長をいちばん多く輩出したのが旧経世会、今の平成研究会である。佐藤派、田中派、竹下派、額賀《ぬかが》派、そしてまた竹下派となった。その強さは「経世会支配」などと言われた。宏池会や中曽根康弘氏が率いた政策科学研究所（政科研）とも連携しながら、影響力を行使しつづけた。たとえば、中曽根内閣は「田中曽根内閣」などと呼ばれた。

小泉純一郎氏は「自民党をぶっ壊す」と叫んで世の中の共感を呼び、首相に就任したが、彼のおこなった郵政民営化や道路公団改革、公共事業削減などは、田中派が力の源泉としたものばかりをターゲットにしている。小泉氏がかつて書生をして仕えた福田赳夫氏は清和会で、田中角栄氏と「角福戦争」と呼ばれる激しい派閥抗争をした。

経世会の強さは参議院の比例区（かつての全国区）にあった。１１１ページの「『業界団体』イコール利益団体」でもふれたように、自民党の参議院比例区は「職域支部」と呼ばれ、各種業界団体の代表が選ばれていることが多いのだが、この比例区議員が多く所属していたのが経世会なのだった。しかしその数も今やめっきり減った。時代の移り変わりを感じる。

もう一つ、経世会のおもしろさは公共事業に強い一方で、実は環境にも力を入れていたところにあった。竹下登元首相は首相時代に「環境立国」を掲げ、地球環境議員連盟の会長だった。これぞ経世会の幅の広さというか、日本人的な融通無碍というか。もちろん、環境利権などもからんではいるだろうけれども、それだけではない。

２０１７年の総選挙を経て、自民党の最大派閥は細田派。その次が無派閥である。以下、麻生派、竹下派、岸田派、二階派、石破派、石原派と続く。

分裂前の民進党でも派閥は存在したが、しばりは自民党に比べると相当ゆるく、「○○派」ではなく「○○グループ」と呼ばれている。複数のグループに在籍する議員も多かったが、細野《ほその》豪志《ごうし》氏は自らのグループを立ち上げるときに、その生ぬるさを嫌って「掛け持ち」を禁じた。結局は自ら会長を降りて、離党に至るのだが。

「議員立法」の思い入れ

法律には二つのつくり方がある。というか、法案をつくる主体にはおおまかに言って二つあり、一つは各省庁と政府、こちらは内閣が法案を提出するので閣法と言うが、もう一つ、「議員立法」がある。文字通り国会議員が法案をつくって国会に提出する。衆参両院には、議員立法の法案づくりを補佐する法制局が設けられている。

法律の数が多いのは閣法だが、圧倒的に多い、というわけではない。

１９４７年から２０１４年までに国会に提出された法案を見てみよう。閣法は９６４８件のうち成立は８５４４件。成立率は90％近い。一方議員立法は３７５７件中、成立は１３６２件。成立率は36％だ。

議員立法の成立率が低い理由は、野党が出している法案が多いからである。しかしそんな法案は無意味、ではない。時代を先取りしているものがたくさんあるからだ。

たとえば、男女雇用機会均等法や育児休業法も野党時代の社会党が昔から出していた。それを時間がたってから政府が閣法として出し、成立した。このように時代の先を行き、政策の先鞭《せんべん》をつけ、世論を喚起し、政府の腰を動かすことだって野党の役割だろう。

議員立法には、つくった政治家たちの強い思い入れが感じられるものがある。法の向こうに政治家の顔が見えるというか、息づかいが感じられるのだ。

たとえば、国内外で18歳未満の児童を相手にした買春《かいしゅん》やポルノを処罰する児童買春・ポルノ禁止法。タイなどで子どもが買春の被害にあっている。その最大の加害者は日本人――。NGOからの訴えを受けて、森山《もりやま》真弓《ゆみ》氏ら女性議員が動き、1999年に成立にこぎつけた。被災者支援法、NPO法、DV防止法、身体障害者補助犬法、ストーカー規制法なども議員立法による。複数の省庁に問題がまたがっていて調整がむずかしかったり、役人からは出てこない発想のものだったり、法律をつくることそのものが人々の関心を呼び起こして問題の解決へとつながっていくこともある。

ちなみに、精力的に議員立法に取り組んだ一人が田中角栄氏だ。貧困層に住宅を提供する公営住宅法や住宅金融公庫法改正、全国の道路を整備する有料道路法やガソリン税創設などで、その数は33にのぼる。

1950年代前半は一種の議員立法ブームだったが、当時の議員立法は、実際は政府が法案をつくり、形だけ議員が提出するものも少なくなかった。議員立法しか認められず、政府が立案した法案も与党議員の名で提出される米国の仕組みをまねたからだという。地元振興や業界の利益を代弁する議員立法も多くなった。「お土産法案」と呼ばれた。

お土産法案への批判の高まりから、１９５５年、議員一人でも法案を提出することができたのを、国会法を改正。衆議院は20人以上（予算をともなう法案は50人以上）、参議院は10人以上（同20人以上）の賛成者を必要とするようにした。この規定は現在に至るまで続いている。

「党本部」の威風

自民党本部は、国会にほど近い平河町の交差点、住所で言うと永田町に建っている地上9階、地下3階の建物だ。

いつも建物の上層階から下層階まで、縦型の大型の垂れ幕がぶら下げられ……たとえば、「自民党景気対策総合本部」などという自民党内の組織の名前や、各種スローガンなどで、それを目にするたびに権力と威風《いふう》を感じてしまうのだった。

2017年末には、赤で「この国を、守り抜く。」という文字の垂れ幕がただ一本、下がっていた。これは2017年の総選挙での自民党のキャッチフレーズだ。何本もかかっているのも迫力があるものだが、ただ一本、というのも決然とした意思を感じさせて迫ってくる。

党本部には総裁室や幹事長室、記者クラブ（「平河クラブ」。68ページ「得体のしれなかった『ヒラカワ』」参照）があり、会議室や、党の総裁選がおこなわれる大ホールもある。総裁応接室には歴代の総裁（野党時代に総裁となった河野洋平氏と谷垣禎一《たにがきさだかず》氏以外は首相）の肖像写真も飾ってある。

全体的に、ゴージャスというよりも古いし、といって国会のように重厚な感じでもなく、シンプルである。

政策について議論する政調審議会や部会は党本部で開かれ、役員会や総務会は、国会会期中は国会内で、閉会中は党本部で開催される。

年末の予算編成や税制についての議論がおこなわれているときには、全国各地から陳情団が押し寄せて、大にぎわいになる。ただ、自民党が野党時代には閑散としていた。

党役員が党本部内での会合などを終えてどこかに移動するとき、どうしてもひとことコメントをとりたいときは、我々記者はエレベーターに同乗できればいちばんいいが、満員になってしまったり、制止されたりして、乗れないことも多々ある。

そういうときはどうするかというと、エレベーターの裏手にある階段をダッシュして降り、エレベーターがつくより前に1階につき、降りてくるのを待ち構えるのである（つくづく、記者とは肉体労働だと思う）。

1階には受付の女性たちがいるが、彼女たちは所属国会議員の顔と名前を完璧に覚えており、議員たちが党本部を去るときにはマイクで「○○先生」や「××大臣」とアナウンスして、党本部前の駐車場に待機する車の運転手に知らせている。

一方、ご近所、三宅坂《みやけざか》に長く党本部を置いていた社民党（旧社会党）は２０１７年、ついに永田町を離れた。かつての社会文化会館は、地上7階、地下1階の建物だったが、衰えゆく一方の党勢に改築もできず、２０１１年の東日本大震災で壁のコンクリートが一部落下し、危険だと２０１３年に首相官邸の近くに移転。さらに家賃を浮かすために、２０１７年は中央区に引っ越した。

民進党も旧民主党時代からのビルを使いつづけているが、今後どうなるかわからない。

立憲民主党は平河町に党本部を置くものの、党関係の会合はほとんど議員会館や国会内の控え室を使っている。

公明党は、支持母体の創価学会の本拠地信濃町にある。

共産党は、代々木駅にほど近く、一般人も利用できる診療所なども併設《へいせつ》している。

著者略歴

東京大学文学部を卒業後、朝日新聞社に入社。横浜総局などを経て政治部記者に。首相官邸、自民党、外務省、民主党などの担当のほか、「AERA」編集部などでも政治を担当。二〇年にわたって政治取材を続ける。二〇一〇年からはLSE（ロンドン政治経済学院）に留学、修士課程を修了。政治部次長を経て現在は政治担当の編集委員。朝日新聞で「ザ・コラム」を担当。

著書には『ゆっくりやさしく社会を変える』（講談社）、『女子プロレスラー小畑千代』（岩波書店）、『社会をちょっと変えてみた』『女性官僚という生き方』（以上、共著、岩波書店）などがある。

不思議《ふしぎ》の国会《こっかい》・政界用語《せいかいようご》ノート
——曖昧模糊《あいまいもこ》で日本《にほん》が動《うご》く

二〇一八年五月二二日　第一刷発行

著者　秋山訓子《あきやまのりこ》
発行者　古屋信吾
発行所　株式会社さくら舎　http://www.sakurasha.com
東京都千代田区富士見一-二-一一　〒一〇二-〇〇七一
電話　営業　〇三-五二一一-六五三三　FAX　〇三-五二一一-六四八一
編集　〇三-五二一一-六四八〇　振替　〇〇一九〇-八-四〇二〇六〇

装丁　アルビレオ
イラスト　ローナ・グバ
印刷・製本　中央精版印刷株式会社

ISBN978-4-86581-147-6